道德经

[春秋]李聃·著
乙力·注译

插圖精譯

陕西新华出版 三秦出版社

图书在版编目（CIP）数据

道德经 /（春秋）李聃著 ； 乙力注译． -- 西安 ：
三秦出版社，2008.01（2024.1 重印）
（国学百部经典丛书）
ISBN 978-7-80628-578-7

Ⅰ．①道… Ⅱ．①李… ②乙… Ⅲ．①道家②老子－
注释③老子－译文 Ⅳ．①B223.1

中国版本图书馆 CIP 数据核字（2007）第 188772 号

书　　名　道德经
作　　者　［春秋］李聃 著　乙力 注译
责　　编　靳　疆
封面设计　新华智品

出版发行　三秦出版社
社　　址　西安市雁塔区曲江新区登高路 1388 号
电　　话　（029）81205236
邮政编码　710061
印　　刷　北京一鑫印务有限责任公司
开　　本　680×1020　1/16
印　　张　9
字　　数　90 千字
版　　次　2008 年 4 月第 2 版
印　　次　2024 年 1 月第 2 次印刷
标准书号　ISBN 978-7-80628-578-7

定　　价　39.80 元
网　　址　http://www.sqcbs.cn

前　言

《道德经》，又称《老子》，是中国道家的主要经典。据传是由春秋末期李聃所著。

老聃，通称老子，是春秋时的思想家，道家学说的创始人。据司马迁的《史记》记载，老子姓李，名耳，字聃，楚国苦县（今河南鹿邑县）人，曾做过周王室管理藏书的官。在当时，老子是一个颇有声望的智者，其学识举世闻名。孔子就曾向他请教过关于“礼”的问题，并称他为“龙”。由于周王室的衰弱和不断内乱，老子弃官归隐，跨青牛而去。行至函谷关，老子应关令尹喜的请求，写成了一部书，这就是《道德经》。

《道德经》共5000余言，原分上下两篇，通常称上篇为《道经》，下篇为《德经》，合称《道德经》。全书言简意赅，博大精深，内容极为丰富。在书中，老子以其独有的视角，探究了宇宙的形成、万物的本源、国家的治理等一系列重大的哲学和政治问题。发前人所未发，述前人所未述，并且提出了“道”、“自然”、“无为”等等著名的哲学概念，成为中国哲学的基石之作。概括起来，《道德经》的内容主要有三，即谈宇宙、谈人生、谈政治。

《道德经》中明确提出，天地万物的本源不是天帝，而是“道”。《道德经》中谈道、谈天道，不仅仅是为了对宇宙的形成和自然规律做一个阐述，更是为了给探讨人生和社会政治准备一个前提。老子主张人法自然，道的准则完全适合于人类生活，老子的宇宙观是其人生观、政治观的基础。《道德经》中对人生、对政治的阐述，就是在这样的背景下展开的。

《道德经》中所体现的人生观有两个基本特点：就自我而言，讲究珍惜身体；就人与人的关系而言，主张柔弱不争。有道的人少私寡欲，见朴抱素，专气淳和，加强自身修行。书中还提出了一系列与柔弱不争思想一致的观点，如致虚守静、不敢为天下先、不自是、不自伐等等，这些以退为进、以静制动的思想与柔弱不争共同体现了《道德经》中人生哲学的特色。

《道德经》一书的第三大内容就是对政治问题的探讨，它反映了老子的政治观。在书中，老子提出了“无为”的政治主张，认为“无为”是治理天下所应遵循的最高原则。《道德经》所倡导的“无为”并不是号召君王什么也不做，而是不妄为，是顺乎自然发展，具体地说，就是不扰民和顺民心。

《道德经》一书，字数虽然只有 5000 余言，但内容之丰富，恐怕没有几本书能与之相比。以《道德经》为代表的道家思想，还作为儒家思想的补充，共同建构了中华民族传统的思想文化。

编　者

2008 年 1 月

目 录

道 经

德 经

一章

【原文】

道可道[1]，非常道[2]；名可名[3]，非常名。

【注释】

〔1〕道：有如下几层意思：第一，世界的本原（本体），世界由以出发、由以产生的基础；第二，世界的本质或世界之所以然，也即世界面貌（世界的具体现实性）的决定或主宰力量；第三，世界形成、产生和发展全部历史的述说，也即对道以自身为本原、以自身为本质的自我产生、自我发展、自我表现、自我完成的全部历史的述说。

〔2〕常道：永恒不变的规律。常，永恒。

〔3〕名：有两层意思。第一，作为名词，指与对象（实）相统一的认识，即真理与概念；第二，作为动词，意指对认识、真理和概念的语言表达（即名状），而命名只是这种表达的基本步骤。

老子　姓李，名耳，谥：聃（约前 600–前 500）。春秋时思想家，道家创始人。

【译文】

可以用语言表达的规律，就不是永恒不变的规律；可以叫得出的名字，就不是永恒不变的名字。

【原文】

无名[1]，天地之始；有名[2]，万物之母。

【注释】

〔1〕无名：没有名字的东西，实际即“无”。无，虚无，这里指空间。

〔2〕有名：有名字的东西。这里泛指存在的物质。

【译文】

有了空间，才开始出现天地；有了物质，才开始产生万物。

【原文】

故常无欲[1]，以观其妙[2]；常有欲，以观其徼[3]。

【注释】

〔1〕有人从“常无”、“常有”后断句，但帛书于两个“欲”字后有“也”字。通观全书，于“欲”字后断句较为合理。

〔2〕其妙：指天地万物的微妙之处。其，代指上文的“天地”、“万物”。

〔3〕徼(jiào)：边界，引申为表面。陆德明《经典释文》：“徼，边也。”

【译文】

所以，如果一个人经常保持清静无欲，就可以观察天地万物的微妙之处；如果欲望过多，就只能看到天地万物的表面现象。

【原文】

此两者同出而异名[1]，同谓之玄[2]。玄之又玄[3]，众妙之门[4]。

【注释】

〔1〕两者同出：空间和物质同时出现。两者，指“无”与“有”。没有“无”就没有“有”，反之亦然。一般认为应解为“同一个来源”，如高亨《老子正诂》说：“此‘无’与‘有’，又何自来？皆自于道。……指实以言，天地之始，道也；道之相，无也。万物之母，天地也；天地之相，有也。”也就是说，“无”指“道”，“有”指“天地”，那么“无”与“有”就不是“皆自于道”，而是“有”来自“无”。

〔2〕玄：奥妙。

〔3〕玄之又玄：不断探索奥妙。这两个“玄”都用如动词，是探索奥妙的意思。“玄之又玄”，即探索再探索的意思，与四十八章“损之又损”句式一样。

〔4〕众妙之门：万物奥妙的大门。

【译文】

空间与物质同时出现而有不同的名称，它们都很奥妙。如果不断地去探索它们，就可以找到通向万物奥秘的大门。

【赏析】

本章是老子宇宙观的总纲。

老子在开篇提到了“道”这个概念，那么究竟什么是“道”呢？有人说“道”就是规律，就是一种法则。这虽然能体现“道”，但也并不能用这些词来代替“道”的概念。“道”实际上是指宇宙中万物的本原和其运动的规律。“道”能同化万物，演化万物。虽然人们不能看到它摸到它，但它却是无处不在，无时不在的，并且只能意会，而不能用言语表达。“名”与“实”在许多场合是不能画等号的，有名无实和有实而无名也是有很多的，世人应重其实，不要过于追求虚名。“无”是天地的原始，是万物的根本，万物都是由无而生的。

老子在本篇告诉我们“道”不可以作为一种独立的对象来追求，无论世界万物，包括无形的、有形的、无名的、有名的、特殊的、暂时的等等，其来源却只有一个“道”。把无为和有为，无欲和有欲和谐地统一，这样去处世养生，这才是合乎“道”的。

二 章

【原文】

天下皆知美之为美，斯恶已〔1〕；皆知善之为善，斯不善已〔2〕。

【注释】

〔1〕斯恶已：就显露出丑恶的东西来。斯，就。恶，丑，此处用作动词，显露出丑恶。已，同“矣”，语气词。

〔2〕斯不善已：就显露出不善的事情来。已，同“矣”。

【译文】

如果天下的人都知道美好的东西是美的，那么丑恶的东西就显露出来了；都知道善良的事情是善的，那么不善良的事情就显露出来了。

【原文】

故有无相生[1]，难易相成，长短相形[2]，高下相倾[3]，音声相和[4]，前后相随。

【注释】

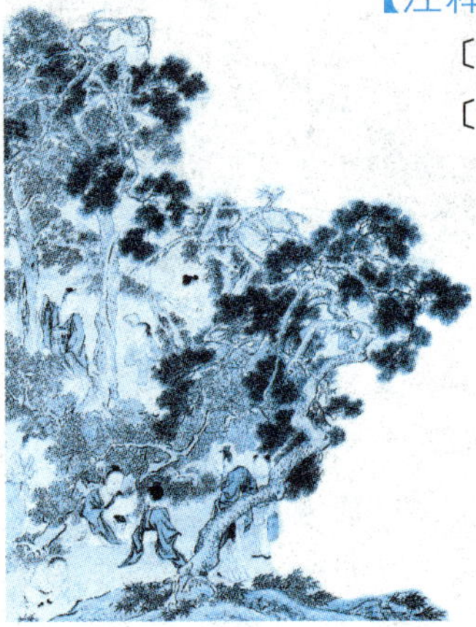

〔1〕有无相生：物质和空间在相互对立中得以产生。

〔2〕相形：相互比较。形，比较。

〔3〕相倾：相互依赖。倾，偏侧，引申为依赖。

〔4〕音声相和：音和声在相互应和中得以区分。形成音乐节奏的为音，简单的发音为声。

【译文】

有和无在相互对立中得以产生，难和易在相互对应中得以形成，长和短在相互比较中得以显现，高和下在相互依赖中得以存在，音和声在相互应和中得以区分，前和后在相互对比中得以出现。

【原文】

是以圣人处无为之事[1]，行不言之教。万物作焉而不辞[2]，生而不有，为而不恃[3]，功成而弗居。夫惟弗居，是以不去[4]。

【注释】

〔1〕处无为之事：做顺应自然的事。处，行，做。无为，顺应自然，不提倡人为。

〔2〕作：兴起。不辞：不拒绝，不限制。

〔3〕为而不恃(shì)：帮助万物而不依赖它们。为，帮助。恃，依赖。

〔4〕是以不去：因此不会失去。

【译文】

所以圣人所做的事就是顺应自然不提倡人为，圣人的教育就是顺应人心而不提倡言语教化。万物兴起而不加以限制，生养了万物而不据为己有，帮助了万物而不依赖它们，建立了功劳而不居功。正因为不居功，所以也不会失去功。

【赏析】

本章老子讲述了对立统一的辩证法，然后教人要按辩证法办事。

对立统一，是世界万物的基本特点。当人们知道什么是“美”时，然后才会通过对比产生出“不美”。美与丑相对，难与易相对，好与坏相对，万物之间的相对比较，都是由于分别衍生出来的。分别本身并非错误，关键在人。人因为有主观能动性，所以看事物就会有成见，还会以此来判断周围事物。但是对于具有大智大慧的人来说，他不会人为地去排斥某一对立的方面，而是顺其自然，听认矛盾双方的运动和存在，来用“无为”的方式，让万物自然生长变化，不违背自然规律。这就是按照辩证法来处理事情。

老子在此是想告诉世人，无论是从政治国，还是养生处世，都要了解事物总是对立统一的，总是矛盾的，我们不必固执地去追求某一面，只要遵循其客观规律就能处理好一切问题。

三章

【原文】

不尚贤[1]，使民不争；不贵难得之货，使民不为盗[2]；不见可欲[3]，使民心不乱。

【注释】

〔1〕尚贤：尊崇贤人。尚，崇尚。

〔2〕为盗：当盗贼。为，当。

〔3〕不见(xiàn)可欲：不显露那些可以引起欲望的事物。见，通“现”，显露。

【译文】

不尊崇贤能之人，使百姓不争功名；不看重贵重物品，使百姓不做盗贼；不显露那些可以引起欲望的事物，使百姓思想不乱。

【原文】

是以圣人之治：虚其心[1]，实其腹；弱其志[2]，强其骨。常使民无知无欲，使夫智者不敢为也[3]。为无为[4]，则无不治[5]。

【注释】

〔1〕虚其心：使百姓的心虚寂而无太多的思虑。其，指百姓。

〔2〕志：这里指欲望。

〔3〕不敢为：不敢随意有所作为。

〔4〕为无为：执行无为政策。第一个“为”是动词，执行。

〔5〕治：安定，太平。

【译文】

因此圣人治国的办法是：减少百姓的思虑而填饱他们的肚皮，削弱百姓的欲望而增强他们的体质。永远使百姓没有知识、没有欲望，使那些聪明人不敢随意有所作为。执行无为政策，天下就会太平。

【赏析】

在本章中，作者继续上章“处无为之事，行不言之教”而论述，进一步发挥，阐述了其治国主张。

“道法自然”，只有遵循自然这条大路才能永恒长久。对于治理国家处理政事也应一样。“不尚贤，使民不争；不贵难得之货，使民不为盗；不见可欲，使民心不乱。”这是老子提出的安民政策，接着又让统治者使人民清心寡欲，满足民众的温饱，这样就会使社会安定，人民安居乐业。

欲望，往往是罪恶的渊源。贫穷的人想变得富有，低贱的人想变得高贵，本来富有和高贵的，则希望更进一步。这一切都无可厚非，但重要的是许多人让欲望超出了自己的能力，他为了满足欲望，采取非法手段，因而对国家和个人带来了伤害。

四章

【原文】

道冲[1]，而用之或不盈[2]。

【注释】

〔1〕冲：虚。

〔2〕而用之或不盈：如果遵循着它办事，也许就不会追求圆满。而，如果。用，按照，遵循。盈，满，圆满。

【译文】

规律是空虚无形的，如果遵循着它办事，也许就不会追求圆满。

【原文】

渊兮[1]，似万物之宗[2]：挫其锐[3]，解其纷；和其光[4]，同其尘[5]。湛兮[6]，似或存。吾不知谁之子，象帝之先[7]。

【注释】

〔1〕渊：深邃复杂，难以认识。

〔2〕宗：宗主，主宰者。

〔3〕挫其锐：挫去万物的锋芒。其，代指万物。

〔4〕和其光：使万物的光芒柔和一些。光，泛指人或物的长处、优点。

〔5〕尘：尘埃，比喻污垢、缺陷。与“光”相对。

〔6〕湛（zhàn）：无形无影。

〔7〕象帝之先：出现在上帝之前。象，显像，出现。

【译文】

规律是那样的深邃复杂，好像是万物

的主宰：它挫去万物的锋芒，从而解脱它们之间的纷争；调和它们的光耀（优点），从而使它们都具有一定的缺陷。规律是无形无影的，但似乎存在着。我不知道是谁产生了它，只知道它出现在上帝之前。

【赏析】

本章老子阐述了道的属性。

真正的道是无法用语言、名相来说清楚的，但说不清楚并不等于不说了。老子运用自己的智慧，从各种不同的角度，用形象的比喻来说明什么是道。他说道的属性像冲，用冲装东西似乎永远装不满，道也像冲那样，空间无限的大，作用时间无限的长，虚而不满，用之不尽，清彻透明，好像什么也没有，但实际上是存在的。它出现的时间很早，在三皇五帝之前就有了，好像是万物的祖宗一样。这就是道。

老子在本章告诉我们为人一定要谦虚，并要有容人之量。人生在世，难免会与别人发生矛盾，引起纷争。这大部分原因无非是自己的私欲引起的。其实，与其与别人为此而争斗，不如忍耐一下，隐藏起自己的锋芒，不为小事而纠缠不清。

五章

【原文】

天地不仁[1]，以万物为刍狗[2]；圣人不仁，以百姓为刍狗。

【注释】

〔1〕仁：亲近，爱护。这里有偏爱的意思。

〔2〕刍(chú)狗：古代祭祀时使用的用草扎成的狗。吴澄《道德真经注》："刍狗，缚草为狗之形，祷雨所用也。既祷则弃之，无复有顾惜之意。天地无心于爱物，而任其自生自成；圣人无心于爱民，而任其自作自息。故以刍狗为喻"，所以，"以……为刍狗"有"任凭……自然生长发展"之意。

【译文】

天地无所偏爱，任凭万物自然生长；圣人无所偏爱，任凭百姓自然发展。

【原文】

天地之间，其犹橐籥乎[1]？虚而不屈[2]，动而愈出。多言数穷[3]，不如守中[4]。

【注释】

〔1〕橐(tuó)籥(yuè)：风箱。

〔2〕屈：尽，竭。

〔3〕多言数(shuò)穷：越多为就越行不通。言，除说话的意义外，这里还含有行动的意思。“多言”即多为，与无为相对。穷，困厄，行不通。

〔4〕守中：遵循正确原则。中，正确原则，即老子讲的“道”。

【译文】

天地之间这个大空间，不正像一个大风箱吗？虽然空虚却不会穷尽，越推拉风量越大（比喻越变化产生的事物越多）。而人越多为就越行不通，不如遵循正确的规律行事。

【赏析】

老子在本章讲述了虚与静的作用。

在春秋时期，许多思想家都提倡“仁”，渴望统治者以“仁”来治理国家，安抚民众。但是，老子在本章中提到，天地、宇宙是没有感情的，也没有仁爱之心，它对待世间的万事万物都像对待刍狗一样，任其自生自灭。老子认为，可以应用于宇宙万物的道才是真道。“道法自然”，天地如此，那么圣人也应效法天地，效法道，“无为而治”，对百姓不存分辨，不带私心，处于客观而超然于万物的地位，清楚自然规律的运作，无私地治理天下。用客观方式求证真理，才能找出自然规律；用无为的方式治理天下，才能万民归心。

无论是统治者还是修行者，都应该知道本章的内涵，把身外之物都视为刍狗一般而不去理它，放下利害，不喜不忧，进入空虚状态，顺天而行；并且言语不要过多，言语过多必然会招来祸患。

六章

【原文】

谷神不死[1]，是谓玄牝[2]。玄牝之门[3]，是谓天地根。绵绵若存[4]，用之不勤[5]。

【注释】

〔1〕谷神：空间的神奇作用。谷，即山谷之谷，引申为空虚，即空间。

〔2〕是谓玄牝（pìn）：这就叫作玄妙的母体。是，代词，代指谷神。玄，玄妙。牝，雌性的鸟兽，这里泛指母体。

〔3〕门：这里指母性的生殖器官。

〔4〕绵绵：不断绝的样子。

〔5〕勤：见。于省吾《老子新证》说，“勤”应读作“觐”，古代铜器铭文中，“勤”、“觐”都写作“堇”，“觐”即“见”的意思。一说“勤”是“尽”义，也通。

【译文】

空间的神妙作用是永远不会消失的，它好像一个玄妙的母体。而这一母体的生殖器官，就是产生万物的根源。空间永远存在着，（人和物）使用它而又看不见它。

【赏析】

道是虚的，道产生天地万物，道生世间万物而绵延不绝。它空虚幽深，因应无穷，用之不尽，永不枯竭。而“玄牝之门”正是其产生天地万物的地方，它的作用之大、之广是无法比拟的。天地万物从它那里诞生，并从它那里获取源源不断的生命和享用不尽的养料，它养育而不占有、给予却不自傲，无私奉献而不求索取，这恰似生养我们的母亲。她们含辛茹苦将我们培养成

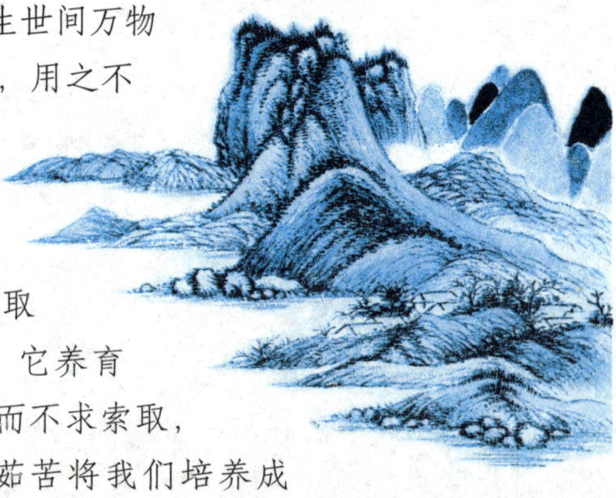

人，让我们成家立业过幸福美满的生活，却从不向我们索取回报。她们的这种精神难道不值得我们钦佩么？难道不值得我们学习么？

七章

【原文】

天长地久。天地所以能长且久者，以其不自生[1]，故能长生。是以圣人后其身而身先[2]，外其身而身存[3]。非以其无私邪？故能成其私。

【注释】

〔1〕不自生：天地运行不是为了自己的生存。

〔2〕后其身而身先：处处把自己放在后面，反而能得到人们的拥护，结果占先了。

〔3〕外其身：把自身置之度外。

【译文】

天地长久存在。天地之所以能够长久存在，原因在于它们的存在不是为了自己，所以能长久存在。因此圣人把自己放在最后，反而能占先；把自身置之度外，反而能够保存。不正是因为圣人不自私吗？所以反而成就了他的私利。

【赏析】

道是无私的，道是永恒的。道正如天和地一样，天地永久地存在着，并将一直存在下去。天地之所以长久，是因为它们无私，它们并不为自己而生存，也不刻意保持自己的生存状态，反而长盛不衰，成为世间万物生存的基础。圣人效法天地，众人仰望圣人。天地长久给人的启示就在于“不自生”，人们的胸怀应该宽阔、无私无畏，这才是天地间的大道。世间的圣人之所以成为圣人，就是因为能够遵循这一原则。不考虑一己之私，自身利益却往往能获得保全。老子的这个问题非常适应人类组成的社会，在这一个整体当中真正做到“不自生”，这样不仅不会损害个人利益，而且还会通过共同努力实现每个人的利益。

八章

【原文】

上善若水[1]。水善利万物而不争，处众人之所恶[2]，故几于道[3]。

【注释】

〔1〕上善：指上善之人，道德高尚的人。

〔2〕所恶（wù）：所讨厌的地方。指低洼之地。

〔3〕几于道：差不多符合道的原则。几，接近。

【译文】

道德高尚的人像水一样。水善于施利于万物而不与万物相争，安居于众人所讨厌的低洼之地，所以说它的行为差不多符合道的原则。

【原文】

居善地[1]，心善渊[2]，与善仁[3]，言善信[4]，正善治[5]，事善能，动善时[6]。夫唯不争，故无尤[7]。

【注释】

〔1〕居善地：居住时善于选择地方。这个地方指卑下之地。本段中的“善”都是“善于”的意思。译文为了避免重复生硬，一律免去。

〔2〕渊：深邃难识。

〔3〕与善仁：与别人交往要仁爱。与，交往。

〔4〕信：诚实。

〔5〕正善治：为政要清静安定。正，同“政”，执政。治，清静安定。

〔6〕时：选择时机。

〔7〕尤：过失，罪过。这里引申为灾难。

【译文】

（上善之人像水那样）：安居卑下之位，思想深邃难识，交往仁慈友爱，言语真实无欺，为政清静安定，做事无所不能，行为择时而动。正因为他与人无争，所以没有灾难。

【赏析】

最上等的德行莫过于水的德行。

老子在本章不仅提出了水的性格、品德和行为，指出水具有滋润万物，又不与任何事物相争，自然下流处人之所恶，却又清净透彻、涤洗万物，春散冬凝、应时而动、不失天时的品质，而且从更深的层次上体察到水的这些品质与人生大道之间的关系。“大道无形”，大道柔软，不与宇宙万物相违逆；大道生养万物，不与万物争高下，不求万物报答；大道谦逊，不居功自傲。这些正是水和大道的共同之处。大道具有很大的威力，它会令那些理解它的人内心平静如水，摒弃了杂乱与烦躁，生活充实，没有烦恼与忧愁。因此，我们人类也要效法水的品德，做到如水般的胸怀，宽广无边，清湛悠然；学习流水的心态，谦虚卑下、不与人争、择地而居；为人重信诺，如潮汐一般，起落守时。做到了“居善地”、“心善渊”、“与善仁”、“言善信”、“正善治”、“事善能”、“动善时”，便能与大道同行，物我两忘，自然会过得逍遥自在，赛似天神。

九章

【原文】

持而盈之〔1〕，不如其已〔2〕；揣而锐之〔3〕，不可常保。

【注释】

〔1〕持而盈之：做事要求圆满。持，握持，引申为做事。盈，圆满。

〔2〕已：停止。

〔3〕揣而锐之：捶锻而使之锐利。揣，锤击锻磨。锐，用作动词，使之锐。

【译文】

办事要求圆满完美，不如停止不干；刀刃锤锻得尖锐锋利，其锋刃不能持久。

【原文】

金玉满堂，莫之能守[1]。富贵而骄，自遗其咎[2]。功成身退，天之道。

【注释】

〔1〕莫之能守：即“莫能守之”。莫，没有人。之，代指金玉。

〔2〕咎：灾难。

【译文】

金玉满屋，没有人能保得住。富贵而傲慢，是自取灾难。功成身退，是自然规律。

【赏析】

杯满则溢，月盈则亏。任何事物都有一个承载张力的度，张力达到一定程度就会发生变化。然而，人的欲望是无止境的，当人的低级需求得到满足之后，就会迫切地渴望满足自己的高层次需求，目标的不断达成，世人手中的东西也就越多，越多也就越舍不得放下。古往今来，有几人永久地保存了自己的名位抑或财富？那些万民景仰的治国良才，或是功高盖主的封疆大吏，有几人逃过了“轻则祸及己身，重则满门抄斩”的悲惨结局？所以，老子在此告诫了人们：切莫锋芒太露。锋芒太露就会遭人妒嫉和陷害，不如到一定的时候退而隐居，即“功遂身退”。否则，“身死为天下笑”的事情就离自己不远了。凡是有高尚气节的君子，都不会一味地贪图富贵安逸，在适当的时机，都能主动退出舞台，为后来者提供其大展宏图的

余地。这就叫作“遵循大道”。大道就是如此，人类只有与大道同步才能做到收放自如，进退有度，才能达到失也是得，退也是进的境界。

十章

【原文】

载营魄抱一[1]，能无离乎？专气致柔[2]，能婴儿乎？涤除玄览[3]，能无疵乎[4]？爱民治国，能无知乎[5]？天门开阖[6]，能为雌乎[7]？明白四达[8]，能无为乎？

【注释】

〔1〕载：语助词，无实义。一说同“哉”，句尾语气词，应属上章。营魄：身体和灵魂。寄托之处叫营，古人认为肉体是灵魂的寄托之所，所以把肉体叫作“营”。一说“营魄”即灵魂的意思。抱一：结为一体。道家反对魂不守舍的行为，后来的道教还把这一观点发展为重要的养生方法。

〔2〕专气致柔：专一精神，以达到柔弱状态。气，精神。《孟子·公孙丑上》：“吾善养吾浩然之气。”

〔3〕涤（dí）除玄览：清除尘垢，保持心灵的清明。涤，洗。玄览：指心灵。高亨《老子正诂》说，“览”应作“鉴”，鉴，镜子，比喻能观照万物的心。

〔4〕疵（cī）：毛病，错误。

〔5〕知：同“智”。

〔6〕天门开阖（hé）：大自然的变化。天门，指自然。一说指耳目口鼻。开阖，即开闭，比喻变化。

〔7〕雌：柔雌，柔和。

〔8〕四达：处处通达明白。

【译文】

使身体和灵魂结为一体，大概能够做到不相分离了吧？专一精神以达到柔弱状态，大概能够像婴儿一样了吧？清除尘垢以保持心灵的清明，大概能够不犯错误了吧？爱民治国，大概能够不使用智慧了吧？在自然的变化之中，大概能够安居于柔雌的状态吧？明白通达，大概能够做到清静无为吧？

【原文】

生之畜之〔1〕，生而不有，为而不恃〔2〕，长而不宰〔3〕。是谓玄德〔4〕。

【注释】

〔1〕畜(xù)之：养育万物。畜，养。之，代指万物。

〔2〕为而不恃(shì)：帮助万物却不占用它们。为，帮助。恃，依赖。引申为占用。

〔3〕长而不宰：使万物顺利生长却不做它们的主宰者。

〔4〕是谓玄德：这就算是高尚的品德。是，代指以上做法。玄，高深，高尚。

【译文】

（圣人）帮助万物繁殖、生长，生养了万物却不据为己有，帮助了万物却不占用它们，成就了万物却不做它们的主宰者。这可以算是高尚的品德。

【赏析】

人类被称为万物之灵长，主要是因为人类拥有思维和意识，能够进行独立的思考和判断。但是，人的灵魂和意识能发挥的作用却有很大的局限性，因而时常犯错，并为此懊悔、痛苦，常常有“心有余而力不足”的感觉，也会有“力有余而心不足”的体会。在这一章中，老子便对此提出了他独特的看法。他以六个排比式的反问提示人们，要解除这种痛苦就必须达到“玄德”的境界。而所谓的“玄德”在译文中已经说得很清楚，也就是道家所提倡的道德行为准则，即人们立身处事奉行的宗旨以及修身进德所要达到的境界。

老子认为人类之所以会痛苦，是因为人类的灵魂和肉体经常处于分离的状态。当人类的精神(灵魂)想象出许多肉体无法承受的事情，就会造成痛苦和灾难；当灵魂的翅膀无法带着沉重的肉体一起飞翔时，我们就会无奈、痛苦和彷徨。婴儿没有痛苦，是因为婴儿不谙世事，头脑混沌，不知何物为何物，何事为何事，一切顺应人的自然本性。圣人没有痛苦，是因为他已经历了痛苦的阶段，因为不想再痛苦下去，明智地选择了与大道同行，做到了心底明净，无欲无求。他们的灵魂与肉体都是统一的。因此，我们要想生活得无忧无虑，就要保持身心平衡，顺其自然。很多时候，无知的婴儿正是我们要学习的榜样。

十一章

【原文】

三十辐共一毂〔1〕，当其无〔2〕，有车之用；埏埴以为器〔3〕，当其无〔4〕，有器之用；凿户牖以为室〔5〕，当其无，有室之用。故有之以为利〔6〕，无之以为用。

【注释】

〔1〕三十辐(fú)共一毂(gǔ)：三十根辐条集中在一个车毂上。辐，车子的辐条。共，集中。毂，车轮中心有圆孔可以插轴的部分。

〔2〕当其无：正因为车毂中有个空间。当，正，引申为正因为。无，空间，这里指车毂中间的圆孔。

〔3〕埏(yán)埴(zhí)以为器：糅合黏土制造陶器。埏，抟糅，糅合。埴，黏土。

〔4〕无：指陶器中空的地方。

〔5〕户牖(yǒu)：门和窗。

〔6〕有之：指物质部分，与下句中的“无(空间)”相对。之，无实义。下句中的“之”与此同。

【译文】

三十根辐条集中在一个车毂上，正是因为有了车毂中的空间，才有了车的作用；抟糅黏土制造器皿，正是因为有了器皿中间的空间，才有了器皿的作用；开凿门窗修建房屋，正是因为有了房屋中的空间，才有了房屋的作用。所以说器物(有)给人带来了便利，而器物的作用却是由于有了空间(无)。

【赏析】

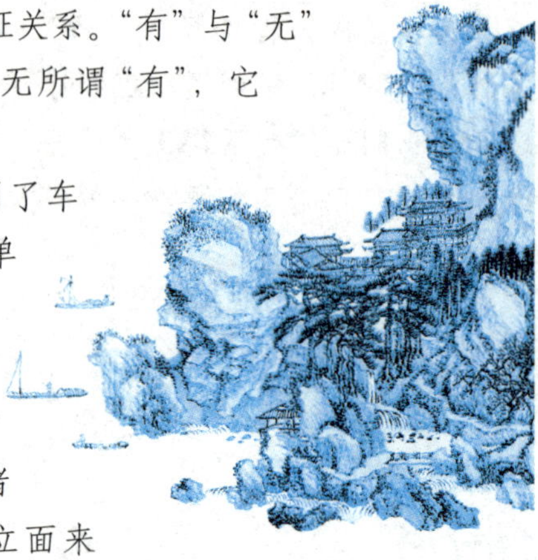

这一章老子讲的是“有”与“无”的辩证关系。“有”与“无”相互矛盾，又相互依存，没有“无”也就无所谓“有”，它们是对立统一的关系。

同样的例子不胜枚举，而老子却选用了车子、陶器、房子这三个简单得不能再简单的例子来说明“有”与“无”的道理：那有形的地方只是为了要实现目的而设置的便利而已，而真正起作用的地方正是那空无一物，容易被人视若无睹的地方。虽然老子把“无”作为主要对立面来考察具有很大的片面性，但这一思想却给了我们无比巨大的借鉴意义。

现实生活中，许多人经常把“无”当成“有”，整天躺在床上幻想自己要是中了五百万的彩票该怎么花而不思进取、虚度光阴；也有许多人无法正确对待“有”的问题。而老子的“有无”思想正是要在这点上指导我们：立身处世要时刻保持虚无的态度，做到“有功”而不自居；“有才”而不自傲；“有力”而不乱用；等等。处理好“有”与“无”的关系，去除掉“有”的束缚，发挥“无”的妙用，用虚无的态度去对待自己拥有的东西，才能真正地拥有他们。试一下，你会有不一样的感觉！

十二章

【原文】

五色令人目盲[1]，五音令人耳聋[2]，五味令人口爽[3]，驰骋畋猎令人心发狂[4]，难得之货令人行妨[5]。是以圣人为腹不为目[6]，故去彼取此[7]。

【注释】

〔1〕五色：青、黄、赤、白、黑。这里泛指各种美丽的色彩。

〔2〕五音：宫、商、角、徵、羽，也叫五声。这里泛指美妙的音乐。

〔3〕五味：酸、苦、甘、辛、咸。这里泛指美食。

〔4〕驰骋(chěng)：驱马奔驰。畋(tián)猎：打猎。狂：心疾，即今天所说的精神失常。

〔5〕行妨：对操行有妨碍。这里主要指盗窃、掠夺之类的行为。

〔6〕目：这里泛指以上所说的各种耳目享受。

〔7〕去彼取此：去掉耳目享受，只求填饱肚皮。彼，指上文讲的五色、五音、五味、畋猎等。此，指“为腹不为目”的生活。

【译文】

缤纷的色彩，使人目盲；美妙的音乐，使人耳聋；丰美的食物，使人口伤；驰马打猎，使人精神失常；珍贵物品，使人盗窃掠夺。所以圣人只求吃饱而不求耳目享受。因此要去掉耳目享受而只求填饱肚皮。

【赏析】

人类有着敏锐而发达的感觉器官，它们源源不断地把外部的各种刺激传达给人们，而人们往往对这些外部刺激又产生了种种反应，并且趋向于那些令自己快乐的事物。然而实际上，斑斓的色彩让人眼花缭乱；混杂的五音让人耳朵发聋；美味的佳肴会使人对味道的敏感度下降，等等，这些都伤害了我们的器官，并且还让我们的欲望无限地膨大。但是，谁可知过多的欲望会害人不浅，甚至还会危害生命。

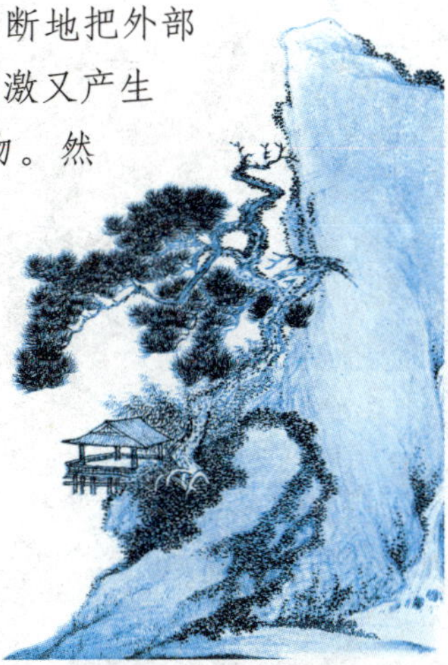

因此，老子在此告诫人们：切莫沉沦于无休无止的欲望之中，真正的享受应该是有理性的节制，虚假的享受是愚蠢的放纵。他希望人们能够丰衣足食，过一种恬淡宁静的生活，摒弃各种外在欲望的诱惑，始终保持内心清净满足。

在物欲横流的今天，我们享受着前人没有享受过的科学文化成果，拥有前人想都不敢想的物质财富，这的确反映了物质的发展，时代的进步，社会的繁荣。但是，我们还应该看到它的另一面，许多人在物欲的诱惑下变得无知而堕落，甚至走上犯罪之路，他们的价值观和道德观在富贵、名利、声色面前被严重地扭曲变形，更不用说那些早已习惯了享受，而变得迟钝、矫情的现代人。所以，在物质文明高度发达的今天，我们静心聆听老子的教诲仍然具有十分重要的意义。

十三章

【原文】

宠辱若惊[1]，贵大患若身[2]。

【注释】

〔1〕宠辱：都用如动词，指受到宠辱。

〔2〕贵：看重。

【译文】

受宠惊喜而受辱惊恐，这是把大灾难看得像生命一样重要。

【原文】

何谓宠辱若惊？宠为上，辱为下[1]，得之若惊[2]，失之若惊，是谓宠辱若惊[3]。

【注释】

〔1〕宠为上，辱为下：把受宠视为高尚，把受辱视为卑下。

〔2〕之：代指宠辱。

〔3〕是：代指上述情况。

【译文】

什么叫作受到宠辱好像受到惊吓呢？（因为人们）把受宠看得很高尚，把受辱看得很卑下。所以得到这些好像受到惊吓，失去这些也好像受到惊吓，这就叫作“宠辱若惊”。

【原文】

何谓贵大患若身[1]？吾所以有大患者，为吾有

身〔2〕，及吾无身〔3〕，吾有何患？故贵以身为天下〔4〕，若可寄天下〔5〕；爱以身为天下，若可托天下。

【注释】

〔1〕何谓：何为，为什么。

〔2〕有身：即有我、有私，看重自己的意思。

〔3〕及吾无身：如果我无私。及，如果。据王引之《经传释词》，“及”与“若”古代通用。

〔4〕贵以身为天下：情愿把自己全部身心投入治理天下的人。贵，看重，引申为愿意。高亨《老子正诂》：“贵者，意所尚也。”以，用。为，治理，也可理解为介词“为了”。“以身为天下”全部属于“贵”的宾语。“爱以身为天下”的句式与此相同，意思也相同。

〔5〕若可：才可。若，乃，才。杨树达《词诠》：“若，副词，乃也，始也。”

【译文】

为什么会把（宠辱若惊）这些大灾难看得如同生命一样重要呢？我们有这些大灾难的原因，是因为我们太看重自身了，如果我们达到了无私的境界，我们还会有什么大灾难呢？所以只有那些情愿把自己全部身心投入治理天下的人，才可以把天下交给他；只有那些愿意把自己全部身心投入治理天下的人，才可以把天下托付给他。

【赏析】

在这一章中，老子主要阐述了两个问题，一是“宠辱若惊”，二是“贵大患若身”。人是情感的动物，当受宠的时候，内心自然是喜悦的；同样，当受别人的冷眼、辱骂、轻视时，自然也会表现出不安、生气甚至惊恐。人类自身的弱点决定了人无论是受宠还是受辱，都会忧心忡忡，惶惶不可终日。之所以有担忧，是因为心里还存有自身的利益，如果没有自身的存在，不为那些身外之物所牵绊的话，那我们还有什么忧患呢？一切都是因为对生命、肉体的珍惜，人们不得不每天都因拼搏而变得忙忙碌碌，甚至是钩心斗角。

生活让人如此的疲惫，因此老子提出了他所追求的人生精神，借以解脱那些为“宠辱”所困的人们。但是他没有明说，而是用“可担大任者”与“不能担大任者”的对比来说明人们应该有什么样的人生追求。“贵以身为天下，若可寄天下；爱以身为天下，若可托天下”，将自身融于天下之中，忘却自己的利益，将天下之任作为自身的追求予以守护，忘却自身的寿、名、货、利，以天下苍天的幸福为己任，为万民所托命才是我们该有的追求。

十四章

【原文】

视之不见名曰夷[1]，听之不闻名曰希[2]，搏之不得名曰微[3]。此三者不可致诘[4]，故混而为一[5]。

【注释】

〔1〕之：本段中三个“之”字都代指道。夷(yí)：灭，没有。这里指没有形影。

〔2〕希：少，罕。这里引申为没有，指没有声音。

〔3〕搏：用手去触摸。微：无，没有。这里指没有形体。

〔4〕致诘(jié)：追究到底。致，极尽。诘，追问，追究。

〔5〕混而为一：合为一体。混，合。一，一体，这个一体指的是道。

【译文】

看它又看不见，这叫作无形；听它又听不到，这叫作无声；摸它又摸不着，这叫作无体。这三种特性都是无法追究考察到底的，它们混合成道。

【原文】

其上不皦[1]，其下不昧[2]，绳绳不可名[3]，复归于无物[4]。是谓无状之状，无物之象[5]。是谓惚恍[6]，迎之不见其首，随之不见其后。

【注释】

〔1〕其上不皦(jiǎo)：它的上面不显得明亮。其，代指道。皦，明亮。道是规律，规律是无形的东西，所以它的上面不显得明亮，而下面也不显得昏暗。

〔2〕昧(mèi)：昏暗。

〔3〕绳绳(mǐn mǐn)：无形无影的样子。高亨《老子正诂》：“‘绳’疑本作‘䋯’，……犹‘冥冥’矣。”不可名：无法称说，无法形容。

〔4〕复归：二字同义，都是归属、属于的意思。

〔5〕象：形象。

〔6〕惚恍：迷离恍惚、无法捉摸的样子。

【译文】

(规律这个东西)它的上部并不显得明亮，它的下部也不显得阴暗，它无形无影难以形容，可以说它不是一个物体(然而它确实存在)。这可以把它叫作没有形状的形状，没有形体的形象。它可以说是迷离恍惚、无法捉摸的，面对着它却看不见它的前头，尾随着它也看不见它的后面。

【原文】

执古之道以御今之有[1]，能知古始[2]。是谓道纪[3]。

【注释】

〔1〕执：掌握。御：驾驭，支配。今之有：现在的万物。有，物质存在，泛指万物。

〔2〕古始：二字同义，指原始古代，这里指原始古代的情况。

〔3〕道纪：规律的主要情况。纪，原指丝的头绪，引申为主要部分。

【译文】

掌握了亘古已有的规律，就可以凭借它来驾驭、支配现在的万物，就能够了解远古时代的情形。以上所讲的就是关于规律的主要情况。

【赏析】

这一章是老子对宇宙的原始状态的描述，即对“道”这个宇宙本体的描述。作者通过视觉、听觉、触觉三个方面来说明“道”是不可探究的。它渺渺茫茫，无以名状，无法为我们的感官所认识，超越了人类一切感觉、知觉的作

用。虽然“道”如此“恍惚”，但它并不是空无不有，相反，恰恰是无边无际，无处不在的。因为这“道”是一种特殊的存在，超越普通意义上的事物，不可被感知。为了表述这个不可见的“道”，老子使用现实世界中的种种概念，他试图用这些概念来规定“道”，然后又一一否定，突破了经验世界的种种限制，由此反映出“道”的幽深玄远。

虽然我们无法感知“道”的存在，但是我们可以从世间万物的发展变化中体悟到“道”的存在。并且可以掌握“道”，利用对“道”的认识来指导自身的行为，在遵循大道的规律和纲纪的基础上不断地实践、成长。这就是老子在本章末所说的“执古之道以御今之有，能知古始。是谓道纪”说明的道理。

十五章

【原文】

古之善为士者〔1〕，微妙玄通〔2〕，深不可识。夫唯不可识〔3〕，故强为之容〔4〕：豫焉〔5〕，若冬涉川〔6〕；犹兮，若畏四邻；俨兮〔7〕，其若客；涣兮〔8〕，若冰之将释〔9〕；敦兮〔10〕，其若朴〔11〕；旷兮〔12〕，其若谷；混兮〔13〕，其若浊〔14〕。

【注释】

〔1〕善为士者：善于当士的人。为，当。士，这里指懂得“道”的人。

〔2〕玄通：指思想深邃而通达。

〔3〕夫：发语词。唯：仅仅，正因为。

〔4〕容：用如动词，形容，描述。

〔5〕豫：“豫”与下句中的“犹”原为一个双声词“犹豫”，迟疑不决的样子。此处拆开使用，作互文看待。引申为办事谨慎小心、反复考虑的样子。

〔6〕涉川：步行渡水。

〔7〕俨（yǎn）：恭敬，庄严。下句的“客”，王弼本作“容”，据河上公本改。

〔8〕涣：散。这里形容思想开通而不固执。

〔9〕释：消融。

〔10〕敦（dūn）：敦厚。

〔11〕朴：未加工的木材。

〔12〕旷：空阔开朗。

〔13〕混：混同，这里指包容。

〔14〕浊：混浊的大水。

【译文】

古代那些懂得规律的人，（其思想）细致精妙、深邃通达，深刻得难以理解。正因为他们难以理解，所以要勉强加以描述：（他们办事）反复考虑，就像寒冬要步行过河；谨慎小心，就像畏惧四邻的围攻；恭敬庄重，就像一位做客的人；通达而不固执，就像将要融化的冰块；朴实敦厚，就像未经雕饰的原木；空阔开朗，就像那深山的幽谷；包容一切，就像那混浊的大水。

【原文】

孰能浊以止〔1〕？静之徐清〔2〕；孰能安以久？动之徐生〔3〕。

【注释】

〔1〕孰能浊以止：谁能像混浊的大水那样而停留在这种状态上。孰，谁。以，而。止，停留。王弼本原无“止”字。据《道藏》河上公本补。

〔2〕静之：使浊水安静下来。之，代浊水。

〔3〕动之徐生：搅动这种清静状态，慢慢产生各种追逐名利的行为。动，搅动。之，代指上句讲的清静状态。

【译文】

（除了得道之士）谁还能够使自己像混浊大水那样而停留在这种状态上？（世人）总是要让浊水安静下来，慢慢加以澄清；但是谁又能够永远安于这种安定清静的状态呢？（世人）又总是搅动这种清静状态，慢慢产生各种追逐名利的活动。

【原文】

保此道者不欲盈[1]。夫惟不盈，故能蔽不新成[2]。

【注释】

〔1〕保：占有，掌握。不欲盈：不追求圆满。

〔2〕蔽不新成：安于有缺陷的旧状态而不创造新的事物。蔽，同敝，破旧，比喻有缺陷的旧状态。新成：新的成功，新的事物。

【译文】

掌握了这种规律的人，办事是不求圆满的。正因为不求圆满，所以能够安于有缺陷的旧状态而不创造新的事物。

【赏析】

道是幽深高远、精深玄妙、恍惚不可捉摸的。体道之士，自然也都微妙、幽深而通达权变，深邃难测。正因为难以测识，所以只能是勉强做形容——“故强之为容”。从“若冬涉川”开始，老子便用了“豫”、“犹”、“俨”、“涣”、“敦”、“旷”、“混”等七个形容词来描述得道之人的人格风貌，他们表面上清净无为，实际上却蕴藏着极大的潜能。他们不是冥顽不灵之人，他们极富创造，却从不张扬自己，正因为如此，他才能够不断发展进步，不断更新，从而达到完美、完善。

老子如此着意描写体道之士的特征形态，就是为了以体道之士的表现来阐释自己的政治理想。他指出“善为士者”保守大道而不自满自溢，所以“能敝而新成”，就是说得道之人能在这混沌的世间保持自身的平和宁静，在宁静中保持自己质朴活泼的本心，保持灵魂的活力，天真质朴如婴儿一般。并且，永不自满，正因为不自满，故能够不断地更新，不断内省，因而能做到安和长久。

“善为士者”的这些行为被老子引为一般行为体的典范，体道之士也因此成了老子政治理想的主要依托者。

十六章

【原文】

致虚极[1]，守静笃[2]。万物并作[3]，吾以观复[4]。夫物芸芸[5]，各复归其根[6]。

【注释】

〔1〕致虚极：极力做到虚寂寡欲。虚，内心虚寂寡欲。极，表程度深的副词。

〔2〕笃(dǔ)：深，甚。

〔3〕作：生长起来。

〔4〕以观复：凭借(清静寡欲的品质)观察万物循环往复的情况。以，凭借。后省略宾语“虚”、“静”。复，循环往复。《说文》：“复，往来也。”

〔5〕芸芸(yún yún)：众多的样子。

〔6〕根：出发点，这里指死亡。

【译文】

极力做到虚寂寡欲，彻底坚持清静无为。万物一齐生长起来，我就凭借着清静寡欲的品质来观察万物循环往复的情况。万物众多，但最终都要回到自己的出发点。

【原文】

归根曰静[1]，是曰复命[2]，复命曰常[3]，知常曰明[4]。不知常，妄作[5]，凶。

【注释】

〔1〕静：这里指虚寂死亡。

〔2〕是谓复命：死亡之后会重新获得生命。是，代指“静”，死亡。

〔3〕常：永久。这里指永久不变的情况、道理。

〔4〕明：明智。

〔5〕妄作：胡乱行动。妄，胡乱。

【译文】

（万物）回到出发点就是虚寂死亡，死亡后会重新获得生命。这种生命的获得过程是永远不变的，懂得这个永远不变的道理可以算是明智。不懂得这个永远不变的道理，胡乱行动，就会遇到凶险。

【原文】

知常容〔1〕，容乃公〔2〕，公乃王〔3〕，王乃天〔4〕，天乃道，道乃久，殁身不殆〔5〕。

【注释】

〔1〕容：包容。指包容一切，既能包容生、强、荣等，又能包容死、弱、辱等。

〔2〕公：公允，正确。

〔3〕王（wàng）：称王，统治国家。这里指治国原则。

〔4〕天：指天之道，也即自然规律。

〔5〕殁（mò）身不殆（dài）：终身不会遇到危险。殁，死。殆，危险。

【译文】

懂得这一不变之理就能包容一切，能够包容一切就能够正确对待一切，能够正确对待一切就能够懂得治国的原则，懂得了治国的原则，进而就能了解自然规律，了解了自然规律，进而就能掌握普遍规律，掌握了普遍规律就能长久生存，终身不会遇到危险。

【赏析】

上一章老子为我们描述了体道之人的形象，本章则继续揭示悟道之人的理性认识。

我们常说“叶落归根，以粪其土”，自然变成了生命，生命又长出枝叶花果，“落红不是无情物，化作春泥更护花”，从无到有，从有到无，循环往复，生生不息。老子就是从万物生老病死的规律中体察到“归根”、“复命”的道理。芸芸众生终要回归本根，返回本根就是静，静的结果就是复命，复命就可以做到“常”的状态。之所以常，是因为明，明就是明于道，就是认识和了解万物发展的规律。了解了道的人将会胸怀宽广，坦然大公，顺应天道，行能长久，终身免于危殆。

用于现在的生活中，如果能够以明道之人的做法来指导生活，自然能够生活幸福，事业成功。生活得快乐不快乐，在于谁？全在于自己对生活的态度和理解。当你追求太多、渴望太多，就会被生活所负累；反之，如果沉静无为，包容一切，将会满足和快乐。握紧拳头，希望拥有得更多，便会握得越紧，握得越紧，里面就会越黑暗，直到没有缝隙，容不得任何东西；反之，摊开双掌，看似虚无一片，实际上那里承载的是整个世界。

十七章

【原文】

太上〔1〕，不知有之；其次，亲而誉之；其次，畏之；其次，侮之〔2〕。信不足也〔3〕，有不信焉。悠兮〔4〕，其贵言〔5〕。功成事遂〔6〕，百姓皆谓“我自然”〔7〕。

【注释】

〔1〕太上：最上，这里指最好的统治者。

〔2〕侮：轻视，轻慢。

〔3〕信：诚实。下一句中的“信”是“信任”的意思。

〔4〕悠：悠闲，即清静无为。

〔5〕贵言：不轻易施行言教。

〔6〕功成事遂：天下治理好了。功、事，都指治国的事。成、遂，都是成功的意思。

〔7〕自然：本书的“自然”全作“本身的样子”讲。

【译文】

最好的统治者，百姓感觉不到他的存在；其次的统治者，百姓亲近他、称赞他；更次的统治者，百姓害怕他；最次的统治者，百姓轻视他。正是因为他本身的诚信不足，所以才不被百姓信任。（最好的统治者）清静无为，不轻易发号施令。天下治理得井然有序，而百姓都认为“我们本来就是这个样子”。

【赏析】

本章老子给我们讲了四种管理天下的方法和相应取得的政绩。显而易见，对后两种统治方式作者是予以批判的，而第一种正是作者所提倡的——“无为而治”，即让百姓自己去顺其自然地生活，而不要苛政烦文，没有法律、监狱这些国家机器，让百姓感觉不到国家的存在、君王的存在，只是随心适性地生活着。这比百姓对君主崇拜、敬仰还要好得多，因为崇拜、敬仰意味着感恩，而感恩的缘由是君主对臣民的恩惠；反过来说，如果君主对臣民不施予恩惠，那么百姓是不是就会怨恨、憎恶君主呢？所以，只有第一种统治方式才是统治者要遵循的，这样不仅实现了天下太平，百姓也受到了教化，统治者也无须劳心劳力，实现了“双赢”。

但是，这毕竟是一种理想的状态，国家不可能“无为无治”，虽然精神文明的建设是永远需要做的事情，但道德素质到达怎样一个水平才算得上“太上”谁也不知道。所以，从老子的思想中，我们只要认识到：道德水平是需要不断地提高的，是无止境的，是能够为社会建设提供依据的就可以了。老子的理想型社会只能是我们“虽不能至，心向往之”的美好愿望。

十八章

【原文】

大道废，有仁义；慧智出，有大伪；六亲不和[1]，有孝慈[2]；国家昏乱，有忠臣。

【注释】

〔1〕六亲：父、子、兄、弟、夫、妇。这里泛指亲人。

〔2〕孝慈：子女爱父母叫孝，父母爱子女叫慈。

【译文】

抛弃了规律，就有了仁义；出现了智慧，就有了严重的虚伪；家庭不和，就有了孝慈；国家动乱，就有了忠臣。

【赏析】

在这一章中老子批判地论述了社会伦理产生的原因。

当大道通行之时，人人都有忠孝仁义的美德，因为普遍存在所以没有凸显出来；而当大道废弃的时候，世间各种丑恶横行，忠孝仁义不现于世间，这样仁义的观念就产生了。也就是说仁义观点的产生是由于不仁义的出现，并不是一种原初的存在。因为在老子所生活的年代，已经出现了种种反常的现象，即违背“道”的现象，剥削阶级的出现，许多人不爱别人只爱自己，不求利人只求利己。不仁不义之事泛滥成灾，社会动荡，这与原始社会那种团结友爱，不分你我的和谐状态已相去甚远了，所以有人出来提倡仁义，那是因为社会缺少仁义，所以老子说：“大道废，有仁义；慧智出，有大伪”。

老子的这种理论如果不仔细分析，看起来确实荒谬，但实际上它却一针见血地揭露出了春秋末期统治阶级所讲的仁义的虚伪。统治者们对仁义道德的强化恰恰表明了社会问题的加剧。因此，今天我们要建构和谐社会，除了要解决经济利益的矛盾之外，还必须要讲德治，又讲法治，只有两个文明一起抓，才能建设有中国特色的社会主义。

十九章

【原文】

绝圣弃智〔1〕，民利百倍；绝仁弃义，民复孝慈；绝巧弃利〔2〕，盗贼无有。此三者以为文不足〔3〕，故令有所属〔4〕：见素抱朴〔5〕，少私寡欲，绝学无忧〔6〕。

【注释】

〔1〕圣：聪明通达。与“智”义近。

〔2〕利：这个“利”不是“利益”义，而用如“国之利器”之“利”，是精良

的意思，与“巧”义近。

〔3〕此三者以为文不足：即“以此三者为文不足”，把这三条仅放在口头上作为理论谈谈还不行。文，文字，引申为理论。

〔4〕所属：有所依归，有所落实。即为以上三条落实一个具体的解决办法。

〔5〕见(xiàn)素抱朴：行为单纯，内心淳朴。见，同“现”，表现，行为。抱，怀抱，指内心坚持。

〔6〕无忧：不要思考。无，同“毋”，不要。忧，忧虑，引申为思考。

【译文】

抛弃聪明才智，百姓就会得到百倍的利益；抛弃仁义，百姓就能做到孝慈；抛弃精良，盗贼就不会产生。以上三条只作为理论谈谈是不够的，所以要给它们分别落实一些实行的具体措施：行为单纯，内心淳朴；减少私心，降低欲望；抛弃学问，不要思考。

【赏析】

“是药三分毒”。药是针对病原体的，只有消灭病原体，人才能恢复健康，但是，这些原本对人体有益的药，一旦使用过度，它们就会成为危害健康的毒药。在道德领域也是这样，智慧是好东西，谁也不可否认，将其用于积善行德，为人民服务自然毫无疑问，但要是被用在歪门斜道上，智慧就成了罪恶的帮凶，所以，老子开篇就说出了“绝圣弃智”，当圣智、仁义、巧智与“道”相背离时，有它们还不如没它们。

在社会机体中，过分标榜某一道德行为，会把这种道德行为推出朴实纯真的现实生活。“伪”者，人为也。为道德而道德便是“伪道德”，再说，道德本身无论怎样的好，它毕竟也是一种对人的天性、自然本性的束缚，束缚得多了，压力大了，人性也就扭曲了。因而说，社会行为中的道德规范也并不一定能消除社会上的丑恶行为；相反，可能会妨碍人的自然本性。在这种情况下，消除严格的仁义礼法制度再继之以治本之方，就成了着手施治的首要之举。老子标本兼治的方法不妨可以从这样的角度加以理解。

二十章

【原文】

唯之与阿[1]，相去几何[2]？善之与恶，相去若何？人之所畏，不可不畏。荒兮[3]，其未央哉[4]！

【注释】

〔1〕唯：表赞成的应答之声。阿（hē）：同“诃”。《说文》：“诃，大言而怒也。”即今天讲的呵斥，表反对。“唯”与“阿”即表示赞成与反对。

〔2〕相去：相差。

〔3〕荒：广大辽阔，这里指路途的漫长。

〔4〕未央：没有尽头。央，尽头。

【译文】

赞成与反对，相差有多远？善与恶，相差又有多远？然而别人所害怕的，我不能不怕。（前面的路）多么漫长啊，就像没有尽头。

【原文】

众人熙熙[1]，如享太牢[2]，如春登台。我独泊兮[3]，其未兆[4]，如婴儿之未孩[5]。儽儽兮[6]，若无所归[7]！

【注释】

〔1〕熙熙（xī xī）：快乐的样子。

〔2〕太牢：宴会或祭祀时并用牛、羊、猪三牲叫太牢。

〔3〕泊：淡泊。

〔4〕未兆：没有任何表现。兆，征兆，引申为表现。

〔5〕孩：婴儿笑。《说文》：“咳，小儿笑也。孩，古文咳。”

〔6〕儽儽(léi léi)：垂头丧气、狼狈不堪的样子。

〔7〕无所归：无家可归。

【译文】

众人是那样的欢乐，就像参加盛大宴会、春日登台赏景一样；而只有我淡泊处之，没有任何表现，如同一个还不会笑的婴儿一样。我是如此狼狈不堪，就像一个无家可归的人！

【原文】

众人皆有余[1]，而我独若遗[2]。我愚人之心也哉，沌沌兮[3]！俗人昭昭[4]，我独昏昏[5]；俗人察察[6]，我独闷闷[7]。澹兮[8]，其若海；飂兮[9]，若无止[10]。

【注释】

〔1〕有余：有富裕的财产。

〔2〕若遗：好像被抛弃了一样。

〔3〕沌沌：无知的样子。

〔4〕昭昭：明白的样子。

〔5〕昏昏：糊涂的样子。

〔6〕察察：与“昭昭”同义，明白的样子。

〔7〕闷闷：与“昏昏”同义，糊涂的样子。

〔8〕澹(dàn)：水动荡的样子。此处比喻生活坎坷不安。

〔9〕飂(liáo)：急风。

〔10〕无止：没有归宿。止，停止，停止的地方。

【译文】

众人都过着富裕幸福的生活，只有我却像被遗弃了一样。因为我有一副愚人的心肠，太无知了。世人是那样的明白，只有我是这样糊涂；世人是那样的清楚，只有我是这样糊涂。(我的生活)是那样的坎坷多难，就像那动荡不安的大海一样；(我如同)那飘忽不定的长风，不知何处才是归宿。

【原文】

众人皆有以[1]，而我独顽似鄙[2]。我独异于人，而贵食母[3]。

【注释】

〔1〕有以：有用。以，用。《说文》：“以，用也。”

〔2〕似：同以，而。鄙：浅陋无知。

〔3〕食母：即“食于母”，从“道”那里得到营养。母，即“道”，因为“道”是天下万物产生的根本，故称其为“母”。二十四章说：“有物混成，先天地生，……可以为天下母。”

【译文】

众人都有用，只有我冥顽无能。虽然只有我和大家不一样，但我还要继续研究规律以提高修养。

【赏析】

老子在上一章中流露出的对于虚伪的文明的愤怒之情，在这一章中转化为平静而又理智的诉说。他用了仅仅一百来字，便全面而简单地介绍了自己独特的行为方式、思维方式以及生活方式，表达了其只注重生命的根本——“道”的境界，从中可见老子做人的节操，即保持自我，不随流俗。

其实，是非善恶、贵贱美丑等等一切价值评判的标准都是相对的，它随时代、环境的变化而改变。“环肥燕瘦”就是审美的大逆转，然而，世人却多体会不到这种变化的根源在哪里，而只是一味地跟从、模仿。也许今日兴高采烈追逐的各种时尚流行的东西，在明日就会一文不名。

因此，圣人用自己的行为告诫我们：人要有自己的气节和操守，在内表现为仁德，在外表现为坚贞，执于行则成义礼，达于人则为典范。节操是做人的根本，是一种生命的境界，正如孟子所说的：“富贵不能淫，贫贱不能移，威武不能屈，此之谓大丈夫”一样，拥有节操的人，就是顶天立地之人，是真正的大丈夫。

二十一章

【原文】

孔德之容[1]，惟道是从[2]。

【注释】

〔1〕孔德：伟大的品质。孔，大。德，品质。容：内容，含义。

〔2〕惟道是从：古汉语的一种宾语提前句式，等于“惟从道”。惟，同“唯”，仅仅。从，遵循。

【译文】

伟大品质的内容就是遵循规律。

【原文】

道之为物，惟恍惟惚[1]。惚兮恍兮，其中有象[2]；恍兮惚兮，其中有物。窈兮冥兮[3]，其中有精[4]，其精甚真，其中有信[5]。

【注释】

〔1〕惟恍惟惚：即“恍惚”，隐约不清、难以捉摸的样子。惟，语气词。下文中的“惚兮恍兮”、“恍兮惚兮”意思同此。

〔2〕象：形象，引申为内容。

〔3〕窈(yǎo)兮冥(míng)兮：即“窈冥”，幽暗深远、难以认识的意思。

〔4〕精(qíng)：同情，性。高亨《老子正诂》：“精、情古通用。”

〔5〕信：诚信。

【译文】

规律这个东西，是隐约不清、没有形体的。它是那样的恍惚迷离，但其中确实有一定内容；它是那样的迷离恍惚，但其中确实有个东西。它是那样的深邃而难以认识，但它却有着自己的性格特点，它的特点就是非常真实无妄，充满了诚信。

【原文】

自古及今，其名不去[1]，以阅众甫[2]。吾何以知众甫之状哉[3]？以此。

【注释】

〔1〕其名：规律的名字，实际指规律的功用。蒋锡昌《老子校诂》说：“‘名’非空名，乃指其所以名之为道之功用而言。道名不去，犹言道之功用不绝。”去：排除，废弃。

〔2〕以阅众甫：凭借规律了解万物开始时的情况。以，凭借。后省宾语“道”。阅，检查，认识。众，万物。甫，开始。

〔3〕何以：以何，凭什么。

【译文】

从古到今，规律的作用是不会被废弃的，凭借着它就可以了解万物开始时的情况。我凭什么知道万物开始时的情况呢？就是凭借着规律。

【赏析】

在这一章中，老子给我们提出了一个新的概念“德”，并且还阐述了“德”与“道”的关系，他认为“德”就是“道”在人们身上的体现，是遵循了“道”、符合了“道”的人才会拥有的品质。“道”是“德”的根本，“德”是“道”的显现。顺从了“道”即“有德”，违背了“道”即“无德”。这个“道”落实到人生层面时，就体现为我们一般所说的“德”，也就是具有伦理意义的道德。在现实世界之中，物有情，情有信，信显德，只要懂得了积德配道，就可以获得像道那样阅历万物的超然地位；也只有通过观其情而察其德，才可以对事物进行全方位的把握。

因此，要想成为一个成功的人，就必须要具有“德”，有了“德”，才有了人生之路通行无阻的牌照。“以德立身”贯穿于每个人的全部人生，或许在不同阶段，你人生经历的内容可能不同，但“以德立身”的人生支柱是不会变的，它对每个人的人生大厦所起的支撑作用是不变的。一句话，“以德立身”是通往成功的阶梯。

二十二章

【原文】

曲则全[1]，枉则直[2]；洼则盈，敝则新；少则得，多则惑[3]。

【注释】

〔1〕曲：委屈。

〔2〕枉：弯曲。

〔3〕惑：迷乱。

【译文】

委屈反能保全，弯曲反能伸直；低洼反能充盈，陈旧反能更新；少取反有收获，贪多反会迷乱。

【原文】

是以圣人抱一为天下式[1]：不自见[2]，故明[3]；不自是，故彰[4]；不自伐[5]，故有功；不自矜[6]，故长。夫惟不争，故天下莫能与之争。

【注释】

〔1〕抱一：坚持一致。抱，坚持。式：楷模。

〔2〕见（xiàn）：同“现”，表现。

〔3〕明：彰明。此处指使自己显明于天下，为众人所知。

〔4〕彰：明。

〔5〕伐：夸耀自己的功劳。

〔6〕矜（jīn）：骄傲。

【译文】

所以圣人能够同以上原则保持一致，从而成为天下的楷模：（他们）不自我表现，所以才名扬天下；不自以为是，所以才名声彰显；不自我夸耀，所以才有功劳；不自高自大，所以才能处人之上。正因为他们不与人争，所以天下没有人能够同他们争夺。

【原文】

古之所谓“曲则全”者，岂虚言哉？诚全而归之[1]。

【注释】

〔1〕诚全而归之：确实应把保全之功归于这些原则。诚，确实。全，保全。之，代指以上原则。这句话很费解，解释方法也很多，不再列举。

【译文】

古人所说的“委屈反能求全”这些话，难道是些空话吗？确实应该把保全之功归于这些原则。

【赏析】

本章老子开篇便使用了十二个具有对比性的词组反映了同一个道理，即“委曲求全”。

生物圈之中，存在着环环相扣的食物链，各种生物为了生存纷纷显示出自己的生存技巧。《易经》上说：“天蠖之曲，以求信也；龙蛇之曲，以求身也。”蛇是一种最柔软的动物，因为它柔软灵动，能伸能曲，所以才能逃避敌人，自由前行而不受外界的阻挠，从而在强大的自然界面前得以保全。在老子看来，蛇的这种柔弱灵动正是体道途中最应具备的基本方式，也是求得自我成全的要招。他认为事物的运动变化是绝对的，不变反而需要持续不断的支持与努力。面对这种维持恒久状态的压力，老子的选择是：最善应变的行为者是最不易被改变的，要用最温顺的行为来应对变化，不断改变自己来顺应外部世界的变化。与其“物壮则老”那样，一味地坚持而被动的落向失控的反面，不如采取柔弱而能动地出入于正反之间，让自己超越名相而常存。

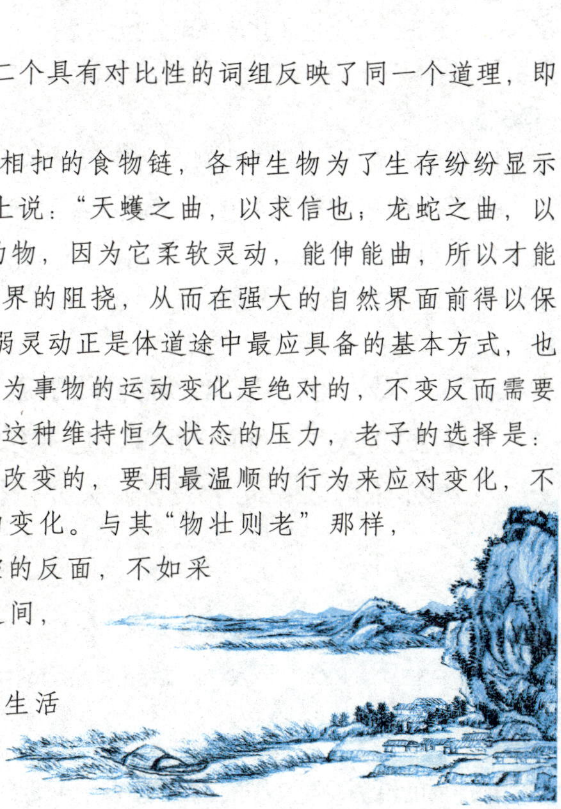

这种理论用于我们的现实生活之中，就是采取一种低姿态的生活态度。当自我处于弱

势的时候，又想在各种压力下求得生存，就必须“委曲求全”，压制自己的欲望和意志，以求自保。并且实践证明，能屈能伸的识时务者，在竞争的过程中，总能求得最大的空间，并最终在这场艰苦卓绝的战斗中取得胜利。

二十三章

【原文】

希言自然[1]。故飘风不终朝[2]，骤雨不终日。孰为此者[3]？天地。天地尚不能久，而况于人乎？

【注释】

〔1〕希言：字面意思是很少讲话，引申为清静无为。

〔2〕飘风：狂风。终朝（zhāo）：整整一个早上。

〔3〕为此：产生这些狂风暴雨。为，产生。

【译文】

清静无为才合乎自然法则。所以说狂风刮不了一早晨，暴雨下不了一整天。谁产生的这些狂风暴雨？是天地。天地尚不能长久维持这种剧烈变动的状态，何况人呢？

【原文】

故从事于道者，道者同于道[1]，德者同于德，失者同于失[2]。同于道者，道亦乐得之[3]；同于德者，德亦乐得之；同于失者，失亦乐得之。

【注释】

〔1〕故从事于道者，道者同于道：应作“故从事于道者同于道”。俞樾《诸子平议》考之甚详。从事，寻求。

〔2〕失：过失，错误。

〔3〕同于道者，道亦乐得之：愿意同道在一起的人，道也愿意同他在一起。这是一种形象的说法，与孔子的“仁远乎哉？我欲仁，斯仁至矣”的意思相似。

【译文】

所以说寻求规律的人，其言行就会符合规律；修养品德的人就会有美德；坚持错误的人就会永远犯错误。愿意同规律在一起的人，规律也乐于同他在一起；愿意同美德在一起的人，美德也乐于同他在一起；愿意同错误在一起的人，错误也乐于同他在一起。

【原文】

信不足焉，有不信焉。

【译文】

自己的诚信不足，才会不被信任。

【赏析】

在上一章中，老子说柔弱灵动，委曲求全是“德”的一种，是符合“道”的规律的具体体现。在本章之中，老子接续着上一章，继续论证了人必须顺应“道”，合乎“德”，才能顺应自然，只有做到天人合一，才能从中受益。他通过大家都熟悉的自然现象来阐释遵循自然规律的大道和大德，并以此为比喻告诉统治者实施不言之教的意义，这与第十七章中所论述的“无为而治”相对应，讨论的都是“治道”的问题。只不过，在这是用“希言”取代了“贵言”，“希言”就是“少生教法令之治”，也就是行“清静无为”之政，以不扰民为原则，百姓安然畅适，这才合乎自然。若拿严刑峻法威吓百姓，以苛捐杂税压榨百姓，如狂风暴雨般对待百姓，统治者自身也必然会如狂风暴雨般骤然而逝。

施政的过程其实是统治者与百姓交流的过程，统治者以怎样的政策来对待百姓，百姓就会以怎样的态度来对待统治者。所以，老子又强调了“信”，“德无信不行，人无信不立”。在人与人的交往中，言必有信是起码的原则，无论是生活还是工作，背信弃义的人将被人们所唾弃，推及君主，对人民不信任的君主，终将会失去人们对他的拥戴，“水能载舟，亦能覆舟”是任何一个领导者所必须借鉴的永恒信条。

二十四章

【原文】

企者不立[1]，跨者不行[2]；自见者不明[3]，自是者不彰，自伐者无功，自矜者不长。

【注释】

〔1〕企：踮起脚跟。

〔2〕跨：迈大步。

〔3〕自见者不明：自此以下四句见二十二章注。

【译文】

踮起脚跟想站得高一些反而站不稳，迈着大步想走得快一些反而走不远；自我表现反而名声不大，自以为是反而声誉不高，自我夸耀反而没有功劳，自高自大反而不能超人。

【原文】

其在道也[1]，曰余食赘行[2]，物或恶之[3]，故有道者不处[4]。

【注释】

〔1〕其：代指以上行为。

〔2〕余食赘(zhuì)行：剩饭赘瘤。比喻多余无用的东西。赘，多余的。行，同形，形体。

〔3〕或：也许。恶(wù)：厌恶。

〔4〕不处：不这样做。

【译文】

用规律去衡量这些行为，可以说都是多余无用的，大家也许讨厌这些行为，所以懂得规律的人是不会这样做的。

【赏析】

上一章老子讲述了合“道”与违“道”的区别，本章老子又接着讲了不合“道”的结果。这是老子思想中极富精义的部分。他借用“企者”、“跨者”、“自见者”、“自是者”、“自伐者”、“自矜者”这些与“道”相背离的人的不好的结局来劝告世人，要戒除自以为高明、自以为是、自吹自擂、妄自尊大等虚荣思想。上升到理论高度，就是说人的主观意志和客观规律之间普遍地存在着矛盾，人的这些自我性的行为是违背大道和大德的行为，因而，也根本达不到我们预期的目的和渴望的结果。

从中我们得到的启示是：做人不能太虚荣、太张扬、太妄自尊大。在这个物欲横流的社会，人心变得越来越浮躁，虚荣心与日俱增，我们如何身处闹市而抛却浮华，做一个大道大德之人？这是很多人都关心的问题，可是针对这个问题没有人能够给我们一个切实可行的答案。老子作为一个几千年前的思想家，他的思想体系对现代人而言依然具有很大的借鉴意义，他对大道的透析以及形成的处世哲学是我们人类的思想瑰宝。

二十五章

【原文】

有物混成[1]，先天地生。寂兮寥兮[2]，独立不改，周行而不殆[3]，可以为天下母。

【注释】

〔1〕混成：混然而成。

〔2〕寂兮寥兮：寂，无声。寥，无形。

〔3〕周行：循环运动。殆：同怠，懈怠，引申为停止。

【译文】

有一个东西混然而成，它出现在天地之前。它无声无形，独立存在永不改变，循环运动永不停止，可以把它当做天地万物产生的根本。

【原文】

吾不知其名，字之曰道，强为之名曰大。大曰逝[1]，逝曰远[2]，远曰反[3]。

【注释】

〔1〕逝：行进，发展。

〔2〕远：这里指发展到极盛状态。

〔3〕反：同“返”。

【译文】

我不知道这个东西的名字，就给它起个字叫“道”，再勉强给它起个名叫“大”。“大”会运动发展，发展下去就会走向极盛，走向极盛后又要反过来回到原处。

【原文】

故道大[1]，天大，地大，王亦大[2]。域中有四大[3]，而王居其一焉。人法地，地法天，天法道，道法自然[4]。

【注释】

〔1〕道大：同义词连用，目的是同下文协调。大，根据“强为之名曰大”，大指道，规律。

〔2〕王（wàng）：称王，治国，统治天下。

〔3〕域中：这里指天地间。

〔4〕自然：本身的样子。自，指道本身。

【译文】

所以说，“道”有“道”的规律，天有天的规律，地有地的规律，统治天下也有统治天下的规律。天地间有四种主要规律，而统治天下的规律只占其中之一。社会规律要效法地的规律，地的规律要效法天的规律，天的规律要效法普遍规律，普遍规律就效法它自身的样子。

【赏析】

这一章里，老子再一次阐述了道的性质和规律。道是物质性的，是最先存在的实体，但这个实体看不见、摸不着，既寂静又空虚，不以人的意志为转移，无所不在地运行而永不止息。我们能真实地感知道的存在，它就在我们的身边，并不断地影响、制约着我们的行动，一旦我们的行动违背了大道，它就会毫不客气地惩罚我们。

并且，在这一章中，老子提出了一个新的概念“大”，它并非相对小而言，而是代表一种形象，一种虚空的形象，用来比喻道的本质。“道大，天大、地大、人亦大”是老子作出的新的排列，在此基础上，进一步阐述“道法自然”，将道的思想切实地契合到人生之中。道是大而且玄奥的，它生成了天地万物，然而人类却总是自高自大，无视自然，自以为有独立的思想，头脑聪明，所以就以万物的主宰自居，大肆地屠杀牲畜，恣意破坏森林和植被，忘却了在我们头上还有大道和天地，它随时都会来惩罚我们的贪婪、无知和狂妄。所以，我们决不可以自以为是，要和天地合二为一，学习大道包容万物的胸襟，与大自然和谐相处才能过得逍遥自在，无所为而又无所不为。

二十六章

【原文】

重为轻根，静为躁君[1]。

【注释】

〔1〕躁(zào)：动。君：主，引申为根本。

【译文】

重是轻的基础，静是动的根本。

【原文】

是以圣人终日行不离辎重[1]，虽有荣观[2]，燕处超然[3]。奈何万乘之主而以身轻天下[4]？轻则失本，躁则失君。

【注释】

〔1〕终日：整天。辎(zī)重：原指行军带的粮食、装备等，此处指圣人出门所带的衣食用品。

〔2〕虽：即使。荣观：相当于今天的“奇观”，美好的景色。

〔3〕燕处：安闲而居。燕，安闲。处，居。超然：不为外物所动的样子。

〔4〕万乘(shèng)之主：拥有万辆战车的君主，指大国君主。乘，古时一车四马叫一乘。以身：因为个人。以，因。身，指万乘之主自己。

【译文】

所以圣人整天行走也不离开衣食行李，即使有奇观美景，也安闲而居，超然物外而不为所动（即不离开辎重而去游赏美景）。为什么一个大国君主，却因为个人享乐而不重视国家呢？不重视国家就会丧失基础，轻举妄动就会丧失根本。

【赏析】

上一章老子告诉我们人应该效法自然，既然效法自然，自然必然对人有所约束，于是本章便具体地讲述了自然的约束力。作者一开始就举出了两对矛盾的现象：轻重、动静来阐述重是轻的根本，轻由重决定，动静之间，静是根本，动是其次，并由此引发出轻浮和躁动。

老子崇尚稳重、沉静而排斥轻浮、躁动，认为前者才是自然之道，后者应给予摒弃。无边无际的天宇因其高远而达成稳重，辽阔苍茫的大地因其厚重而达成稳重；天上的游云尽管可以一时遮天蔽日，却因其轻飘而转瞬即逝；至于来

势汹汹的风雨，却因其轻飘而终不能长久。这就告诫了人们：无论做什么事情，要保持冷静，从容镇定，不要急急忙忙，心慌意乱。要知道“心急吃不了热豆腐”，急切慌乱不但解决不了问题，还会更加拖延时间，忙中出错。而作为统治者，则更应该引以为戒，别以为是“万乘之主”便狂妄自大，目中无人。以玩乐为重，以治国为轻，如果那样，只会是落得“轻则失本，躁则失君”的下场，受世人唾骂和鄙弃。

二十七章

【原文】

善行，无辙迹〔1〕；善言，无瑕谪〔2〕；善数，不用筹策〔3〕；善闭，无关楗而不可开〔4〕；善结，无绳约而不可解〔5〕。是以圣人常善救人，故无弃人〔6〕；常善救物，故无弃物。是谓袭明〔7〕。

【注释】

〔1〕辙(zhé)迹：车轮辗过的痕迹。一说，辙，车迹；迹，马足踏过的痕迹。

〔2〕瑕(xiá)谪(zhé)：玉上的斑点，比喻缺点、毛病。谪，同谪。

〔3〕筹策：古时计数用的筹码。

〔4〕关楗(jiàn)：关闭门户用的器具，相当于今天的门闩。

〔5〕绳约：绳索。约，绳子。

〔6〕弃人：被遗弃的人。

〔7〕袭明：是明智的。袭，合乎，属于。明，明智。

【译文】

善于行走，不留车迹；善于言谈，没有漏洞；善于计算，不用筹策；善于关闭，不用关楗却固不可开；善于捆缚，不用绳索却牢不可解。因此，圣人总是善于挽救人，所以没有被遗弃的人；总是善于挽救万物，所以没有被遗弃的物。这些做法可以说是明智的。

【原文】

故善人者不善人之师，不善人者善人之资[1]。不贵其师，不爱其资，虽智大迷。是谓要妙[2]。

【注释】

〔1〕资：凭借。

〔2〕是：代指上述善人与不善人之间的关系问题。要妙：重要而微妙。

【译文】

善人是不善人的老师，不善人是善人的凭借。不重视他们的老师，不爱惜他们的凭借，即使是明智的人也会变得十分糊涂。善人与不善人之间的关系是重要而微妙的。

【赏析】

这一章老子沿着“道”的理论，进一步提出了人们应该怎样展开自己的行动，他提出了“五善”，即善行、善言、善数、善闭、善结，这五善是合乎大道的，我们只有达到五善的境界，才能行动自如，如庖丁解牛一样，游刃有余。这一思想是老子一贯的主张，不过在此处又深化了一层，更进一步地提出了另一指导人们得“道”的途径——不善之人应以善人为师，善人应以不善之人为借鉴。用今人的话来说，老子教我们要想得“道”，让自己有善行，就必须向他人学习。

因此说，他是在提倡一种向别人学习的精神，学习别人的长处，以别人的短处为戒，这对任何一个渴望成功的人来说是非常重要的。有些人之所以能够达到目标，乃是穷多年之功，历经无数的失败，才找出一套特别之道。你只要走进使他们成功的经验中，也许用不了多久就能获得自己想要的成功。但是要注意的是，没有自己的想法，永远只能跟在别人的后面亦步亦趋，始终无法赶上别人，更不用说超越了！“东施效颦”、“邯郸学步”的故事永远为我们敲响警钟！

二十八章

【原文】

知其雄，守其雌，为天下溪[1]。为天下溪，常德不离[2]，复归于婴儿。知其白[3]，守其黑[4]，为天下式[5]。为天下式，常德不忒[6]，复归于无极[7]。知其荣，守其辱，为天下谷[8]。为天下谷，常德乃足，复归于朴[9]。

【注释】

〔1〕溪：河沟，比喻低下的地位。

〔2〕常德不离：高尚的道德永远不会丧失。

〔3〕白：显明，此处指显赫的地位。

〔4〕黑：幽暗，此处指不显赫的地位。

〔5〕式：榜样。

〔6〕忒(tè)：错误，差失。

〔7〕无极：无穷，这里指无穷的力量。

〔8〕谷：川谷，比喻低下的地位。

〔9〕朴：未经加工过的木材，这里比喻“道”。一说指真朴的状态。

【译文】

知道什么是雄强，却安于柔雌的地位，甘做天下的沟溪。甘做天下的沟溪，高尚的品德就永远不会丧失，就能恢复到无知无欲的婴儿状态。知道什么是显赫，却安于低下的地位，做天下的榜样。做天下的榜样，品德就永远不会出差错，就能具有无穷的力量。知道什么是荣耀，却安于屈辱的地位，甘做天下的川谷。甘做天下的川谷，高尚品德就会永远保持充足，就能够同“道”一样真朴。

【原文】

朴散则为器[1]，圣人用之则为官长[2]。故大制不割[3]。

【注释】

〔1〕朴散则为器：这是个比喻，用原木可以分别做成各种各样的器具，来比喻“道”可以分别变为各种各样的“德”。

〔2〕用之：顺应万物各自的本性。用，因，顺应。之，代指万物本性。官长：领导，管理。

〔3〕大制不割：最完美的治理是不伤害万物本性的。

【译文】

普遍规律会分别变为万物各自的本性，圣人就顺应着万物各自的本性去进行管理。所以说最完美的治理是不伤害万物本性的。

【赏析】

老子在本章中主要论述了道所包含的内容，即柔和虚无，此二者合起来就是朴素自然，同时强调了道的理念的整体性，不可分割性。道的法则就是从无到有，再从有到无的循环往复、永不停息的过程。这一法则就决定了人在修道时不可能一次完成，还要进行永不停息的修炼，即便修得圆满后，还必须继续保持道德的不流散，确保它的完整性，因为一旦流散就会再一次进入到从无到有、从有到无的循环往复之中。但是，人类在认识自然之道的规律时，为自己设立了许多相对的概念和范畴，如此便无法安宁地进入无为的状态，与大道融为一体。然而，老子在本章却告诉了我们一个办法：即认识矛盾并利用矛盾相互转化的特点，抓住那不利的一面，自然就会转为那有利的一面了。“知雄守雌”、“知荣守辱”、“知白守黑”，从而达到“复归于婴儿”、“复归于无极”、“复归于朴”的状态，前者是守“道”的行为，后者是得“道”的表现。

老子的这种以退为进的修道之法，用在现代也具有一定的积极作用。所谓“忍一时风平浪静，退一步海阔天空”，先将自己置于较低的位置，才能看得更客观，更长远，才能占得有理有利的地位，才能为日后的发展谋得收放自如的可能。

二十九章

【原文】

将欲取天下而为之〔1〕，吾见其不得已〔2〕。天下神器〔3〕，不可为也。为者败之，执者失之。

【注释】

〔1〕取：治理。《广雅·释诂》：“取，为也。”河上公本四十八章注：“取，治也。”

〔2〕不得已：达不到目的。不得，得不到自己所想得到的。已，同矣，语气词。

〔3〕神器：神圣的东西，指天下。

【译文】

要想治理天下并有所作为，我将会看到他达不到目的。天下这个神圣的东西，是不能随意人为的。谁想有所作为，谁就会把天下搞乱；谁想把持天下，谁就会失去天下。

【原文】

故物或行或随〔1〕，或嘘或吹〔2〕，或强或羸〔3〕，或挫或隳〔4〕。是以圣人去甚、去奢、去泰〔5〕。

【注释】

〔1〕或：可能，也许。行：与“随”相对，表示前行。

〔2〕嘘（xū）：慢慢地吹。吹：急吹。

〔3〕羸（léi）：瘦弱。

〔4〕挫：此处与“隳”相对，表示减损一点儿。隳（huī）：毁坏。

〔5〕泰：过分。

【译文】

所以事情往往如此：本意也许是想走在前面，结果可能反而落后了；本意也许是想轻吹，结果可能是急吹；本意也许是想强壮，结果可能反而瘦弱

了；本意也许是想稍微减损一点儿，结果可能是全部毁坏了。所以圣人去掉那些极端的、奢侈的、过分的主观想法。

【赏析】

这一章主要论述了顺应自然的重要意义。自然界的一切事物都有它存在的独特方式，而不能人为地强加干涉，如果强加干涉，就会违背大道，受到大道的惩罚，从而注定失败。用在治国方面，即要求统治者应该实行“无为而治”的治国方针，实施不言之教，只有这样国家才能长治久安，其统治地位才会长久。

天下的百姓众多，各人秉性、爱好不一，世间万物错综复杂、变化多端，所以圣人在处世的时候，总是守着无为的原则，不去采用那种极端奢侈、过度的做法。从圣人的思想中去体会立身处世的原理，老子便是在指导我们该如何去面对选择，这就需要我们“去甚”、“去奢”、“去泰”，这样才能顺从自然的规律而不会产生坏的结果。事实也的确如此，面对生活，我们必须做出正确的选择，可以选择斗、选择争，结果有可能成功也可能失败，但是只要你选择了这，就意味着无条件地放弃了那。在高度强调经济建设的今天，人类对于自然资源的掠夺性开发必然将导致资源枯竭，所以，老子的这种“无为”、“无执”的思想对于现代人来说，是非常具有警示意义的。

三十章

【原文】

以道佐人主者〔1〕，不以兵强天下〔2〕。其事好还〔3〕：师之所处〔4〕，荆棘生焉；大军之后〔5〕，必有凶年〔6〕。

【注释】

〔1〕佐：帮助。

〔2〕以兵强天下：靠武力逞强于天下。

〔3〕好还：很快得到报应。好，甚，很。还，还报，报应。

〔4〕所处：所驻扎过的地方。

〔5〕大军：这里指大战。

〔6〕凶年：灾荒年。

【译文】

按照规律去帮助君主的人，是不靠武力逞强于天下的。用兵的事很快就会得到报应：军队驻扎过的地方，荆棘丛生；大战之后，必有荒年。

【原文】

善有果而已[1]，不敢以取强[2]。果而勿矜[3]，果而勿伐[4]，果而勿骄，果而不得已，果而勿强。物壮则老，是谓不道[5]，不道早已[6]。

【注释】

〔1〕果：胜利。《尔雅·释诂》："果，胜也。"

〔2〕取强：逞强。

〔3〕矜（jīn）：自大。

〔4〕伐：夸功。

〔5〕不道：不符合道，不符合规律。

〔6〕已：停止，这里指灭亡。

【译文】

只要很好地取得胜利就罢手，不敢靠武力逞强。胜利了而不自大，胜利了而不夸耀，胜利了而不骄傲，胜利是出于不得已，胜利而不逞强。事物强盛了就会走向衰败，求强求壮的做法是不符合规律的，不符合规律就会很快灭亡。

【赏析】

上一章老子讲述了君主应如何治理国家，本章老子接续上一章讲述如何辅佐君主用兵。老子反对战争，在此他描述了战争的种种危害，主张用兵之人“不以兵强天下”。而事实上，军队、武器、战争是不可避免的，它们保证着国家、人民的安全和政治的正常运行。所以，当不得已而为之时，老子劝告世人应遵循的原则是：不自满、不自骄、不自豪。因为这是“道”的原则，因为“道”告诉我们事物强盛到极点就会逐渐衰弱，所以这章表面是讲用兵，实际上是讲“道”，讲“德”，文中一切都是为了阐述其“道”的思想而服务的。

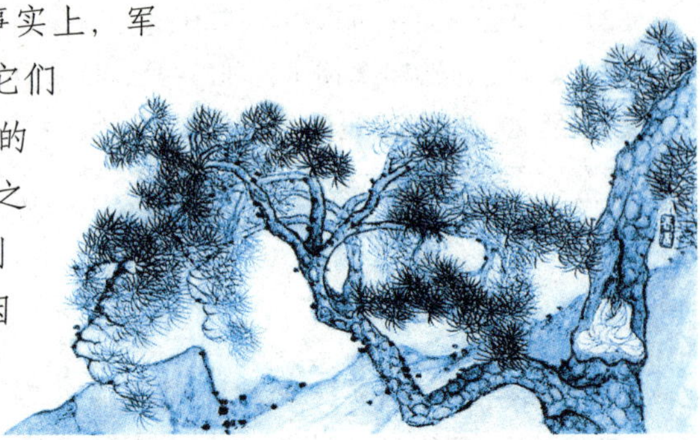

用本章的思想来指导我们今日的生活，即得意之时莫忘回头。世事如浮云，瞬息万变，人无千日好，花无百日红，见好就收便是最大的赢家。凡事都需要留有余地，方可避免走向极端，特别在权衡进退得失的时候，更应是“该放手时便放手”，老子早就有言在先：“功成，名遂，身退”，范蠡乘舟浮海，得以终身；文种不听劝告，饮剑自尽。这些事情，这些道理，世人应当“明之，记之，戒之”。

三十一章

【原文】

夫惟兵者不祥之器[1]，物或恶之[2]，故有道者不处[3]。

【注释】

〔1〕夫惟：发语词。王弼本原作“夫佳”，王念孙《读书杂志》举出许多理由认为“夫佳”是“夫惟”之误。

〔2〕恶(wù)：讨厌。

〔3〕处：处理，安排，这里引申为使用。

【译文】

兵器是不吉利的东西，大家都讨厌它，所以懂得规律的人不使用它。

【原文】

君子居则贵左[1]，用兵则贵右。兵者不祥之器，非君子之器[2]，不得已而用之，恬淡为上[3]。胜而不美[4]，而美之者[5]，是乐杀人。夫乐杀人者，则不可以得志于天下矣。

【注释】

〔1〕居：平时。贵左：以左边为贵。古人认为左阳右阴，阳代表生，阴代表杀。所以平时以居左为贵，战时以居右为贵。

〔2〕君子：指有道之人。

〔3〕恬(tián)淡：淡漠。

〔4〕美：用如动词，赞美。

〔5〕而：如果。

【译文】

君子平时以左边为贵，作战时却以右边为贵。兵器是不吉利的器物，不是君子应该使用的东西，不得已时才用它，最好漠然处之。即使战胜了也不应赞美，如果赞美它，这就是以杀人为快乐。以杀人为快乐的人，是不可能得志于天下的。

【原文】

吉事尚左[1]，凶事尚右。偏将军居左[2]，上将军居右[3]，言以丧礼处之。杀人之众，以哀悲莅之[4]，战胜以丧礼处之。

【注释】

〔1〕尚：崇尚，与上文“贵”同义。

〔2〕偏将军：副将。

〔3〕上将军：主将。

〔4〕莅(lì)：临，到，参加。

【译文】

吉庆事以左边为上，凶丧事以右边为上。（打仗时）副将居于左边，主将居于右边，这是说要用办理丧事的礼节去处理战争的事。战争杀人众多，要带着悲痛的心情参加战争，战胜了也要用办理凶葬事的礼节去处理它。

【赏析】

本章是对上一章的发挥，更加深入地反映了老子的反战思想。上一章中他提出“不以兵强天下”的主张，本章又继续表达了“兵者不祥之器”的观点，对兵器进行了犀利的批判，并将其对兵器的看法融入到自己高深的哲理中。他认为战争是有悖于大道的，为得道之人所不为，甚至是深恶痛绝。这当然与老子所处的那个时代有关，混战与杀戮成为了那个时代的主题，老子为什么提倡“道”，提倡“德”，那是因为缺少。他目睹了战争带给广大人民的祸患，礼乐破坏、法制无存，所以孔子提倡重建礼法制度，而老子却希望人们能够放弃杀戮、放弃争夺、放弃名利，返回自然、归于混沌。因为即使如孔子所想象的那样礼法重建，但那也只是为了抑制或压制不文明、不道德而已，而只有如老子所言的归于自然才是真正的标本兼治的方法。因此说，老子是站在了时代的高度发出了振聋发聩的反战呼喊，这一呼喊震天动地。身处和平时代的我们，应知眼前的一切值得珍惜。

三十二章

【原文】

道常无名〔1〕。朴虽小〔2〕，天下莫能臣也〔3〕。侯王若能守之〔4〕，万物将自宾〔5〕。天地相合，以降甘露〔6〕，民莫之令而自均〔7〕。

【注释】

〔1〕无名：虚无。这里指规律处于一种看不见、摸不着的虚无状态。

〔2〕朴虽小：道虽然像未加工过的木材一样微不足道。朴，未加工过的木材。

小，道作为规律，本无所谓大或小，这里用“小”来形容“道”总是不求为主而处于卑下地位。详见三十四章。

〔3〕臣：用如动词，臣服，役使。

〔4〕守之：坚守规律，遵循规律。

〔5〕宾：宾服，顺从。

〔6〕天地相合，以降甘露：天之气和地之气相互交融而降下甘露。这属于“天人感应”思想。古人认为，社会政治清明，就会影响自然界，冷热合时，风调雨顺，并出现各种祥瑞。

〔7〕民莫之令：即“民莫令之”，没有人指使它。古代“民”与“人”通用。之，代指自然、天地。

【译文】

规律永远处于一种虚无状态。这就像未加工过的木材一样，虽然微不足道，但是天下没有人能够支配它。王侯如果能遵循着规律，万物将会自然而然地宾服。天之气和地之气相互交融而降下甘露，没有人指使它们而自然均匀。

【原文】

始制有名〔1〕。名亦既有，夫亦将知止。知止可以不殆〔2〕。譬道之在天下〔3〕，犹川谷之于江海。

【注释】

〔1〕制：制作，这里泛指人类活动。有名：有名称的东西，泛指各种器物。

〔2〕殆（dài）：危险。

〔3〕譬（pì）：打比方。

【译文】

人类开始活动，也就出现了各种器物。器物出现以后，也应该懂得适可而止。懂得适可而止就能避免危险。打个比方，普遍规律与天下（万物的特殊规律）的关系，就好像江海与河川的关系一样。

【赏析】

老子在痛斥了战争和武器造成的恶果之后，在本章继续阐述了自然之道的伟大功能。老子指出道是天下的真正主宰，并且说明了道的性质，“道常无名。

朴虽小，天下莫能臣”，并由此联系到君王治理国家，只要君王能守住“道”的这种状态，那么天地万物就会自然臣服。

但是，人们为了认识“道”，便确立了很多的概念和名相，以便我们去接近“道”，而实际上，正是这些“名”成为了我们认识“道”的局限，很多时候，人们因为“名”的规定而无法接触到“道”，“名”成了人与“道”之间的障碍。所以，老子便说，既然已经有了“名”，那就不要太分别、太执着于我们的认识，因为我们的认识是有局限的，所以要适可而止。

生活中许多时候也是如此，由于心中对某些事存在了一种固定的认识，由于很难改变，我们便会用这种原来的概念去面对后来的问题，陷入一种“定式思维”之中，这是很不可取的，正如某位大家说的：“生活本无所谓是非，可在心中有了是非的人，眼中就会生出是非来。”所以做人切忌太执着于自身的认识，应多从理性的角度去思考问题，你会发现一些事本无所谓对错，甚至不会造成任何的阻碍。

三十三章

【原文】

知人者智，自知者明。胜人者有力，自胜者强。知足者富，强行者有志〔1〕。不失其所者久〔2〕，死而不亡者寿。

【注释】

〔1〕强行：坚持力行。

〔2〕不失其所者久：不违背规律的人能够长久。失，丧失，引申为违背。其所，他所凭借的。

【译文】

能够认识别人的人是聪明的，能够认识自己的人是明智的。能够战胜别人的人是有力量的，能够克制自己的人是坚强的。知道满足的人是富有的，坚持力行的人是有志的。不违反规律的人就能长久，身死而精神永存的人是真正的长寿。

【赏析】

老子在本章中阐述的是个人修养与自我超越的问题。在他的道论中，本章比较独特，只是四组格言警句的排列，并没有像其他章节那样引出对行为的劝导和评价，却告诉世人极其深奥的道理。其中的“自知者明”、“自胜者强”更是经典的励人之语，其所渗透出的反省自身、进德修道的深远含意更是我们需要学习的。

从个人修养的方面来讲，求智、求力强调的是外部的修行，而求明、求强则是内省的功夫，现在我们常说“战胜自我”，其实就是要内省，为什么要内省呢？因为欲望会束缚住一个人的手脚，蒙蔽一个人的心志，妨碍事业的成功，还会带来各种各样的痛苦。但若你经常内省、压抑、克制从而战胜欲望，那便是战胜了自己，完全成为自己的主人。不为欲望所左右，不为身外之物所掌控，拥有了独立的自我，才会发挥出最大的潜能，事业才会成功。

三十四章

【原文】

大道泛兮[1]，其可左右[2]。万物恃之而生而不辞[3]，功成而不名有[4]，衣养万物而不为主[5]，常无欲。

【注释】

〔1〕泛：广泛，普遍。

〔2〕左右：泛指各处。

〔3〕恃：依赖。不辞：不拒绝。

〔4〕名有：求名、占有。

〔5〕衣：用如动词，覆盖，保护。

【译文】

规律的作用是那样的广大，可以说无处不有。万物依靠它才能生存，而它从不拒绝万物，大功告成也不求名、不占有，护养了万物而不做主宰者，永远没有什么欲望。

【原文】

可名于小〔1〕，万物归焉而不为主；可名为大，以其终不自为大〔2〕，故能成其大。

【注释】

〔1〕名于小：可以把它叫作“卑小”。

〔2〕自为大：自己追求成为伟大者。为，追求。

【译文】

可以把“道”看作是卑小的，因为万物归附于它，而它却不当主宰者；也可以把它看作是伟大的，因为它始终不追求成为伟大者，所以才成为伟大者。

【赏析】

本章作者通过对核心内容小和大的阐述来表达对大道的歌颂，以及大道生成万物的感慨，借讲大道的人格化本性，而讲统治者怎样才能把社会治理成符合大道要求的社会。老子认为，统治者治理社会是与统治者的个人修为紧密相关。个人修为是小道，而以个人修为的小道去治理社会则能成就出大道。

具体说来，道生万物、养育万物，使万物各有所需，各适其性，却不以自己为万物的主宰，可以称它为小；万物归附而不自以为主宰，可以称它为大。如果国家的君主在治国时能够拥有如道般的性格，以经世治国为分内之职责，有了政绩又不居功而骄奢淫逸，百姓自然安居乐业，而自己也成就了自己的一世英名。所以，统治者以道为楷模，才能真正成就自己之“大”。对责任的担当，对权力的自敛是统治天下的前提。这样的政治主张表现出老子内心深沉的历史责任感，其从人类社会发展进步的角度阐发的这一伟大思想，在今天仍具有其不朽的魅力。

三十五章

【原文】

执大象[1]，天下往[2]，往而不害，安平泰[3]。乐与饵[4]，过客止[5]。道之出口，淡乎其无味，视之不足见[6]，听之不足闻，用之不足既[7]。

【注释】

〔1〕大象：大道。

〔2〕往：归附。

〔3〕安平泰：三字同义，都是太平安乐的意思。

〔4〕乐与饵（ěr）：音乐与美食。这里泛指各种生活享受。

〔5〕过客：过路人。此处指归往“大象”的人。

〔6〕不足：不能。

〔7〕既：尽，完。

【译文】

谁掌握了规律，天下人就都会归附于他，归附他不会有害处，都能过上太平安乐的生活。然而各种生活享受，往往使人们半途而废。规律这个东西说出来淡而无味，看它又看不见，听它又听不到，可用它也用不完。

【赏析】

老子在这一章中讲的还是治理国家的方法，所依据的原则仍是质朴无为的方针，让百姓休养生息，保持淳真质朴的心志，即便是不依靠严刑峻法也能安享太平。同时，在这一章中，老子还提出了一个“大象”的概念，很显然这个“大象”不是动物的大象，而是道的体象和形象，即道的法象。并再次说明，统治者如果能够掌握大道的“大象”，就能得到天下人的顺从和归附，并且这种归

附是一种心理上的顺服，并非为了物质利益。因为圣明的统治者就如同大道一般气象宏大，不争名夺利、不计个人得失，对来投靠他的人不予以干涉，不采取强硬的措施限制他们的自由，会让人们感到极度的安全可靠，完全归附于他。

然而当今社会，物质丰富，人们在追求精神享受之前，必将满足自己对物质的占有。波涛翻滚的商海之中，头脑成了制胜的关键，有人看别人发了财蠢蠢欲动，满脑子对钱的渴望让其失去了理智，结果不但没能如愿以偿，最后甚至赔上了身家性命。生活在大好机遇中的现代人，为什么最后落得如此悲凉的下场？是欲望，是欲望挑拨人的内心，让人内心无法平静，人心不安必然生出是非，整日生活在欲望之中，还能有什么幸福可言？

三十六章

【原文】

将欲歙〔1〕之，必固张之〔2〕；将欲弱之，必固强之；将欲废之，必固兴之；将欲夺之，必固与之。是谓微明〔3〕，柔弱胜刚强。鱼不可脱于渊〔4〕，国之利器不可以示人〔5〕。

【注释】

〔1〕歙（xī）：收缩。

〔2〕固：同“姑”，姑且，暂时。马叙伦《老子核诂》：“‘固’读为姑且之姑。《韩非子·说林上》：《周书》曰：‘将欲取之，必姑予之。’是其证，下同。”如把“必固”看作同义词连用，解释为“一定要”，也通。

〔3〕微明：先幽暗而后显明，即先处劣势而后处优势，与下文“柔弱胜刚强”的意思相似。微，幽暗不明。

〔4〕脱：离开。

〔5〕利器：优良的武器。示人：让人看。

【译文】

要想收缩它，必须暂时扩张它；要想削弱它，必须暂时加强它；要想废除它，必须暂时振兴它；要想夺取它，必须暂时给予它。这叫作先处于劣势而后处于优势，也即以柔弱战胜刚强。（这些做法）像鱼那样不能离开一定的环境条件，也像国家的优良武器一样，不能让别人知道。

【赏析】

在这章中，老子阐述了一种朴素的辩证法思想。他认为事物始终处于一个不断对立转化的状态，当事物发展到某一个极限时，必然会向相反的方向转化。本章的第一段是老子对于事态发展的判断，是对物极必反、势强必弱观念的一种阐释，同时也体现了老子待人接物的价值趋向。

势强必弱，在强弱对峙中，老子宁愿居于柔弱的一方。在他看来，表面上柔弱的一端，由于它的含藏内敛，往往更有韧性；看起来刚强的一端，由于缺乏屈伸的弹性，往往不能持久，所以老子断言“柔弱胜刚强”。

在文章的结尾，老子又把认识世界的朴素的辩证法扩展到政治领域，即人类的领导者如果能够掌握大道的这种特性，能够效法大道那无为而无所不为的做法，那么就无须用各种手段来笼络人心，费尽心机地控制他人了。人们会自然而然地归依到身旁，来享没有任何伤害的安宁、平等、祥和。如果一味以严刑峻法式的凶利之器来威吓人民，制裁、压迫人民，虽然有可能会使天下臣服，但是，这种表面上的刚强是无法持久的，越强硬的镇压只会引出更加强烈的反抗。

三十七章

【原文】

道常无为而无不为。侯王若能守之，万物将自化。化而欲作，吾将镇之以无名之朴[1]。无名之朴亦将无欲，不欲以静，天下将自定。

【注释】

〔1〕镇：使安定。无名之朴：无声无形的道。无名，虚无。朴，比喻“道”。

【译文】

“道”永远是无为的，然而却又成就了所有的事情。王侯如果能遵循着它，万物将自我化育发展。在化育发展中如有欲望产生，我将用无声无形的“道”去说服他们安定下来。无声无形的“道”也不过是没有欲望而已，如果万物也无欲望，清静无为，天下将自然会太平安定。

【赏析】

本章是老子《道经》的最后一章，也可以说是老子对前文所作的小结。《道经》三十七章，主要讲述了大道的概念、形状、意义、价值和规律。人们的行为如果顺从了自然大道，就会无灾无害，甚至会永恒不朽；如果违背了自然大道，就会受到惩罚，走向自己意愿的反面。自然有其自身的规律，人为地去改变它反而只能带来坏的结果，遵循自然，反对人为束缚，这是《道经》告诉我们的至深的道理。

将其运用到政治领域，要求统治者清净、无欲、质朴，做到如此，百姓才能没有外部的干扰，从而活得安然自得，社会自然没有争斗而呈现出祥和的气氛。同时，统治者的清静无为不应该只是从体制上解除对百姓的束缚，而且还应具有一种榜样、示范的作用。统治者若是能清静无欲，过着恬淡宁静的生活，必然会对臣民产生潜移默化的影响，臣民以君主为表率并加以效仿，个个都抱一守真，社会岂有不安定的道理！

三十八章

【原文】

上德不德[1]，是以有德；下德不失德[2]，是以无德。上德无为而无以为[3]，下德为之而有以为[4]。

【注释】

〔1〕上德不德：真正崇尚美德的人并不表现自己的美德。上，用如动词，以……为上，崇尚，重视。一般把“上”解释为“最高的”，但考虑到下文的“上仁”、“上义”、“上礼”中的“上”不便解释为“最高的”，故不采用这种解释。

〔2〕下德：不重视美德的人。

〔3〕无以：无目的，无原因。这个原因指满足个人私欲。以，原因，《诗经·邶风·旄丘》：“何其久也？必有以也。”

〔4〕有以：有目的，有原因。与“无以”义相反。

【译文】

真正重视美德的人并不去表现自己的美德，所以他才保有美德；不重视美德的人却处处想表现自己的美德，所以才丧失了美德。重视美德的人清静无为，无为是因为没有私欲；不重视美德的人碌碌多为，多为是为了满足私欲。

【原文】

上仁为之而无以为，上义为之而有以为，上礼为之而莫之应[1]，则攘臂而扔之[2]。

【注释】

〔1〕莫之应：即“莫应之”，没有人响应他。

〔2〕攘（rǎng）臂：卷起袖子。《广韵》：“揎袂出臂曰攘。”扔：牵拉。《广雅·释诂》：“扔，引也。”

【译文】

重视"仁"的人碌碌多为，多为不是为了个人私欲；重视"义"的人碌碌多为，多为是为了满足私欲；重视"礼"的人碌碌多为，如果没有人响应，他就卷起袖子，死拉硬拽（强人就范）。

【原文】

故失道而后德[1]，失德而后仁[2]，失仁而后义，失义而后礼。夫礼者，忠信之薄而乱之首[3]。前识者[4]，道之华而愚之始[5]。是以大丈夫处其厚[6]，不居其薄[7]；处其实[8]，不居其华[9]。故去彼取此[10]。

【注释】

〔1〕失道而后德："道"是普遍规律，是规律的全部，"德"是特殊规律，是规律的一部分，因此掌握不了"道"的人，就只能掌握"德"。

〔2〕失德而后仁：仁是有意地去爱人，老子认为这并不符合"道"与"德"的原则，"道"与"德"的原则是顺应自然，让万物自由发展。

〔3〕忠信之薄：忠信不足。首：开端。

〔4〕前识：妄度，臆测。《韩非子·解老》："先物行，先理动，谓之前识。前识，无缘而妄意度也。"

〔5〕华：虚华。

〔6〕厚：忠厚，忠信。

〔7〕薄：浅薄，指上文讲的"礼"。

〔8〕实：根据前文，指"道"。

〔9〕华：根据前文，指"前识"。

〔10〕彼：指"礼"、"前识"等。此：指"道"。

【译文】

所以说失去了"道"而后才有"德"，失去了"德"而后才有"仁"，失去了"仁"而后才有"义"，失去了"义"而后才有"礼"。"礼"，是忠信不足的标志，是祸乱的开始。妄度而臆测，对道来说属于华而不实的东西，是愚昧的开始。因此大丈夫要笃守忠厚，排除浅薄；要内在朴实，不要外表虚华。所以要懂得取舍。

【赏析】

本章是《德经》的首篇。在本篇中老子讲述的不是人类辉煌的思想发展历程，而是一部不容乐观的思想背离史。文中老子首先给我们揭示的是有德和无德的概念与行为的区别，接着老子指出：真正的有德不是装出来的，真正的有德是一种心境，一种不为名利所动的心境；是一种境界，一种清静无为的境界；是一种气质，一种明“道”后自然流露出来的气质。所谓的“真风流出自真内涵”，说的就是这一道理。同时老子认为有道者应当立身厚重，不要立身菲薄；要心存质朴，不要追求虚名，不要急功近利。这也是一个人都应把持的做人的态度。

三十九章

【原文】

昔之得一者[1]：天得一以清，地得一以宁，神得一以灵，谷得一以盈，万物得一以生，侯王得一以为天下贞[2]。

【注释】

〔1〕得一：能够(与“道”)保持一致。得，能够。一，一致。一般把“得一”解释为“得道”，“一”就是“道”。我们不取此说，详见引语。

〔2〕贞：同“正”，首领。王念孙《读书杂志》：“《广雅》曰：‘正，君也。’《吕氏春秋·君守篇》：‘可以为天下正。’高注：‘正，主也。’‘为天下正’，犹《洪范》言‘为天下主’耳。”

【译文】

从来凡是能够（同规律）保持一致的：天能够保持一致，因而清明；地能够保持一致，因而安宁；神能够保持一致，因而有灵；河谷能够保持一致，因而充盈；万物能够保持一致，因而滋生；侯王能够保持一致，因而为天下首领。

【原文】

其致之[1]：天无以清[2]，将恐裂；地无以宁，将恐发[3]，神无以灵，将恐歇[4]；谷无以盈，将恐竭[5]；万物无以生，将恐灭；侯王无以贵高，将恐蹶[6]。

【注释】

〔1〕致之：放弃规律。致，送出，引申为放弃。之，代指“道”。
〔2〕无以：没有凭借，没有办法。
〔3〕发(fèi)：同“废”。
〔4〕歇：停止，绝灭。
〔5〕竭(jié)：枯竭，干涸。
〔6〕蹶(jué)：跌倒，引申为失败、亡国。

【译文】

如果放弃了规律：天无法清明，怕要破裂；地无法安宁，怕要毁掉；神无法有灵，怕要绝灭；河谷无法充盈，怕要枯竭；万物无法滋生，怕要死亡；侯王无法保持高贵的地位，怕要亡国。

【原文】

故贵以贱为本，高以下为基。是以侯王自谓孤、寡、不穀[1]，此非以贱为本邪[2]？非乎？故至数舆无舆[3]。不欲琭琭如玉[4]，珞珞如石[5]。

【注释】

〔1〕孤、寡、不穀：都是当时君主的谦称。
〔2〕邪(yé)：语气词。
〔3〕至数舆无舆：至，高。数，多。舆，同“誉”，在此为荣誉。
〔4〕琭琭(lù)：玉石美好的样子。
〔5〕珞珞(luò)：石头丑陋的样子。

【译文】

所以贵要以贱为根本，高要以下为基础。因此侯王自称“孤”、“寡”、“不穀”，这不正是以贱为根本吗？不是吗？所以说要想得到过高过多的荣誉反而会失去荣誉，因此不要追求当什么高贵的美玉，而宁肯当一块卑下的石头。

【赏析】

本章老子讲述了德性的真正定义和概念，并且说明了天地万物以及侯王都必须保证自己的德性厚道而真实，才会合乎大道的规律，从而有所成就。

有句谚语说得好：“名声躲避追求它的人，却去追求躲避它的人。”这是为什么呢？对此著名哲学家叔本华如是说：“这是因为前者过分顺应世俗，而后者能够大胆反抗的缘故。”所以说那些最高的荣誉，是不需要自己去夸耀的；只要有了真正的德性，别人自然会给你真正的名誉。正如那些君主侯王，他谦虚而不自夸，卑下而不自高，别人自会尊敬他、赞美他。因而真正的德性所讲的就是不需要那些虚华美丽的宝石，宁可做实实在在的一块顽石。简而言之，厚道真实，就是真正的德性。一个人如果把荣誉作为自己的人生目标，处处卖弄、炫耀，就会超出限度，失去理智，甚至会迷失自我。

四十章

【原文】

反者道之动，弱者道之用。天下万物生于有[1]，有生于无[2]。

【注释】

〔1〕有：存在的物质。

〔2〕无：虚无的空间。

【译文】

规律的运动是向相反的方向发展，规律的作用就在于它能保持柔弱的状态。天下万物产生于某种物质，而物质产生于空间。

【赏析】

事物总是一种矛盾的存在，但矛盾的双方并不是一成不变的，而且各自向其相反的方向转化。所谓“反者道之动”，就是说事物向对立面的转化就是道的运动规律。在本章中老子进一步阐述道的运动往往是一种弱势作用，这种作用是看不见、闻不到、摸不着的，是恍惚的、寂廖的，是日积月累、涓涓不息的。由此可知，大道的德性就是循环往复、柔弱顺应，而人只有顺从自然之道，把握住循环往复、柔弱顺应的德性，才能趋利避害，万事大吉，也就是要求我们为人处世要“藏器于身，待时而动”。此外，一个人在事业上获得些成就，如果不知收敛锋芒、隐藏智慧，就易招来别人的嫉恨。“木秀于林，风必摧之”、“枪打出头鸟”说的就是这个道理。所以，在复杂的社会之中，要想成就大事，就不要锋芒毕露，而应韬光养晦，等待有利的时机。

四十一章

【原文】

上士闻道[1]，勤而行之[2]；中士闻道，若存若亡[3]；下士闻道，大笑之[4]，不笑，不足以为道。

【注释】

〔1〕上士：智慧最高的人。下文中的“中士”指智慧一般的人，“下士”指智慧低下的人。

〔2〕勤：积极努力。

〔3〕若存若亡(wú)：若有若无。亡，同“无”。意思是说，中士听说“道”以后，他的态度是将信将疑。

〔4〕大笑之：应作“大而笑之”。大，用如意动词，认为它迂阔而不切合实际。笑，嘲笑。详考见俞樾《诸子平议》。这句话的意思是说，下士才能低下，无法理解“道”，所以嘲笑“道”。

【译文】

智慧最高的人听到了“道”，就努力按照它去办事；智慧一般的人听到了“道”，若有若无，将信将疑；智慧低下的人听到了“道”，就认为它迂阔空洞而加以嘲笑，不被智慧低下的人所嘲笑，“道”也就不成为“道”了。

【原文】

故建言有之〔1〕：“明道若昧〔2〕，进道若退〔3〕，夷道若纇〔4〕，上德若谷〔5〕，大白若辱〔6〕，广德若不足，建德若偷〔7〕，质真若渝〔8〕，大方无隅〔9〕，大器晚成，大音希声〔10〕，大象无形。”道隐无名〔11〕，夫惟道，善贷且成〔12〕。

【注释】

〔1〕建言：立言，讲话。高亨《老子正诂》认为是书名。

〔2〕明道若昧：明白易懂的道理反而好像难以理解。昧，幽暗不易看清，引申为不易理解。

〔3〕进道若退：促人上进的道理反而好像在引人后退。

〔4〕夷：平坦，比喻容易办到。纇(lèi)：不平，引申为难以施行。

〔5〕谷：山谷，引申为空虚。

〔6〕辱：同“黣”，黑色。

〔7〕建：建立，建树。偷：刻薄，不厚道。

〔8〕渝(yú)：变化。

〔9〕隅(yú)：角。

〔10〕希：无声。十四章：“听之不闻，名曰希。”

〔11〕道隐无名：“道”无形无声。隐，无形，看不见。无名，不可名状。

〔12〕贷：施予，帮助。

【译文】

所以有人曾经说："明白易懂的道理反而好像难以理解，促人上进的道理反而好像引人后退，容易做到的道理反而好像难以施行，最崇高的品质反而好像什么也没有，最洁白的颜色反而好像是黑暗的，阔大宽容的品德反而好像不充足，能够有所建树的品德反而好像不厚道，品质纯真反而好像变化无常，最大的方形反而没有棱角，最大的器物总是最后完成，最大的声音反而无声，最大的形象反而无形。"规律虽然无形无声，不可名状，然而它却善于帮助万物并且成就万物。

【赏析】

我们人类只有认识自然大道的德性，把握住这些德性，才能一切顺利。可往往并不是所有人都能对"道"之德性有正确的认识。在本章中老子所讲的三等人士，主要是从对大道的不同态度来区分的。接近大道的就是上士，稍远一点的是中士，最远的就是下士。人类的根器不同，所以接受事物的能力也自然存在差异，尽管本质是相同的。也就是说，不管你怎么去笑那大道，大道始终都是不会改变的。因此，古人说："明白大道的人好像什么都是糊涂的，进入大道的人却好似在退步，走在平坦的大道上却好像走在崎岖的小路上。"明白了这一点，运用到我们的为人处世之中，真理始终是真理，不会因别人错误的认识而随之改变。因此对于别人所犯的一些无关紧要的小错误，就不必过分追究。这不仅使自己避免了不必要的烦恼和人事纠纷，而且也顾及了他人的面子，更体现了你做人的雅量，利人利己，何乐而不为呢？

四十二章

【原文】

道生一[1]，一生二，二生三，三生万物。万物负阴而抱阳[2]，冲气以为和[3]。

【注释】

〔1〕一：某一种事物。关于本段中的“一”、“二”、“三”，解释分歧很大。无论何种解释，总的来说，都认为讲的是万物的起源。

〔2〕负阴而抱阳：包含着阴与阳两个对立面。“负”和“抱”都是包含的意思。

〔3〕冲气：阴阳二气相互激荡。冲，激荡。气，阴阳二气。

【译文】

规律使某种事物得以产生，这种事物又产生第二种事物，第二种事物再产生第三种事物……这样以至于产生万物。万物都包含着阴、阳两个对立面，它们互相激荡而得以调和。

【原文】

人之所恶〔1〕，惟孤、寡、不穀〔2〕，而王公以为称。故物或损之而益〔3〕，或益之而损。人之所教，我亦教之〔4〕：“强梁者不得其死。”〔5〕吾将以为教父〔6〕。

【注释】

〔1〕恶(wù)：讨厌。

〔2〕孤、寡、不穀：见三十九章注。

〔3〕或：或许，可能。解释为“有时”也通。益：增加。

〔4〕人之所教，我亦教之：别人用来教导我的，我也用它去教导别人。因为“强梁者不得其死”是前人流传下来的话，老子从中得到启发，因而拿来再去启发别人。

〔5〕强梁：强悍。

〔6〕教父：教导人的大纲。或把“父”解释为“始”，也通。

【译文】

人们所讨厌的字眼就是“孤”、“寡”、“不穀”，而王公却用它们当作自己的称号。所以说事情（往往如此），本意也许是想减少它，结果反而增加了它；本意也许是想增加它，结果反而减少了它。别人用来教导我的，我也用它去教导别人：“强悍的人不得好死。”我将把这一原则当作教人的大纲。

【赏析】

万物生灵的起源可以不知道，但不能不知道人是怎样存活的。"负阴而抱阳"，我们依托着大地，仰承着蓝天，生活在大自然的怀抱里。虽然大自然只管投资不求回报，但我们也不能一点不知趣，"强梁不得其死"，一味地蛮横强行不讲道理，绝没有什么好结果。该收敛的就姑且收敛收敛吧，哪怕是为了日后的大利益，就忍痛割爱或者自认倒霉，全当自己吃了点小亏。俗话说："和气致祥"，即认为和气相处可以带来吉祥。一个家庭如此，一个单位和一个社会成员也是如此。但如何才能保持一团和气呢？古人指出"长傲"、"多言"是破坏和气的两大因素，因此要做成熟的人就应该谦虚而少语。和气是团结的基础，也是生财的基础，现代人更应该讲究一团和气。因为以和为贵不仅是一种较高的处世境界，更是一种聪明的交友态度，一种明智的生活方式。

四十三章

【原文】

天下之至柔，驰骋天下之至坚[1]，无有入无间[2]。吾是以知无为之有益。不言之教，无为之益，天下希及之[3]。

【注释】

〔1〕驰骋(chěng)：奔驰。

〔2〕无有：什么也没有，即空间。无间：没有空隙的东西，即物质。

〔3〕希及之：很少能赶上它们。希，少。及，赶上。

【译文】

天下最柔弱的东西能在最坚硬的东西中奔驰，虚无的空间可以渗透到稠密的物质中。我从这里认识到清静无为的好处。没有言辞的教育，清静无为的好处，天下很少有比得上它们的。

【赏析】

“柔”与“和”是常联系在一起的，“和”本身也就是“柔”，其代表就是水。水是最柔软温和的，象征了大道的德性，所以可以和天下最坚硬的东西抗衡。人常说的“水滴石穿”，就是“以柔克刚”。

“以柔克刚”是制服一个大发脾气的人的最好的办法。对方愈是发怒，你就应愈发镇定温和，愈是面临紧张的场合，愈应保持头脑冷静。这样，你才能发现对方因兴奋过度而显露的种种弱点，从而一一加以击破。

“以柔克刚”不是以硬碰硬、以刚克刚，它体现在特定的场合和特定的人物的迂回。我们走路，经常会遇到这样或那样的困难和障碍，对横在面前的大石头，是搬开它？翻越它？还是绕着走？只有权衡比较，才能得出结论。这样才能胸有成竹地一一绕过它们，快速前进。因此说“以柔克刚”不仅是一种谋略，一种方式、手段，更是一种智慧的、成功的做人处世之道。

四十四章

【原文】

名与身孰亲？身与货孰多[1]？得与亡孰病[2]？是故甚爱必大费[3]，多藏必厚亡。知足不辱，知止不殆[4]，可以长久。

【注释】

〔1〕货：财产。多：重要，重视。

〔2〕亡：失去，损失。病：害处。

〔3〕甚爱：过分的吝惜。

〔4〕殆(dài)：危险。

【译文】

名声和生命哪个更可亲？生命和财富哪个更值得重视？获得与丧失哪

个更有害？所以说过分的吝惜反而会招致更大的破费，过多的收藏反而会招致严重的损失。知道满足，不会遭到困辱，知道适可而止，不会遇到危险，可以长久平安。

【赏析】

本章老子讲述了违背和气这一德性的结果。开篇老子接连提出三个疑问以引起人们的思考，让人们在身外之名与生命本身之间作出选择。其答案显而易见，生命是宝贵的，谁也不会去选择前者而丢弃后者。可往往就在财富和名利到来的时刻，人便无私“忘我”了，不由得做出了错误的选择。

“人为财死，鸟为食亡”，本讲的是人之所以会死是因为贪财，鸟之所以会死是因为贪食，但是人为什么会死？鸟为什么会亡？那是因为人类抓住了鸟儿贪食的特性，所以才会设下毒药而诱鸟下食；同样，人类也正是利用了人类贪财的特性，所以才会诱之以利，而杀之以名。所以，人类为了保其身，就不要去贪财，鸟儿为了全其命，就不要去贪食。古往今来，有多少人因为醉心于名利、地位，最终落得个千古骂名的凄凉下场。财如下山之虎，人类稍有不慎，便被虎伤，所以，对于名利与财富，只要能知道满足，不贪婪，那么自然不会有什么耻辱和失败，也就不会走向危险和灭亡。

四十五章

【原文】

大成若缺，其用不敝[1]。大盈若冲[2]，其用不穷。大直若屈[3]，大巧若拙，大辩若讷[4]。躁胜寒[5]，静胜热，清静为天下正。

【注释】

〔1〕敝：破，坏。

〔2〕冲：空虚。

〔3〕屈：弯曲。

〔4〕讷(nè)：不善言谈。

〔5〕躁(zào)：躁动，运动。

【译文】

最圆满的好似欠缺，而它的作用却不会损坏。最充实的好似空虚，而它的作用却不会穷尽。最直的好似弯曲，最巧的好似笨拙，最善辩的好似不会言谈。运动能战胜寒冷，安静能克服暑热，清静无为能做天下的首领。

【赏析】

由于我们人类的所有感觉器官都是外向型的，所以，总是容易去贪图那些外在的东西，似乎不去追求就不能满足。然而，老子却从大道的角度对此做出了否定，并指出事实与之恰恰相反。他说：“缺陷、虚空、弯曲、笨拙、木讷等尽管都是人们不喜欢的，但却是真正应该保持的东西，因为它们才是大道的象征，都代表着清净无为的大道。”事实上，的确如此，许多事情表面看来是一种情况，而实际上却又是另一种情况。正如板桥先生所言：“聪明有大小之分，糊涂也有真假之分，所谓小聪明大糊涂才是真糊涂假智慧，而大聪明小糊涂才是真智慧假糊涂。”所以我们常说：“大智若愚。”在“迟钝”中掌握主动，寻找恰当的机会，趁人不备给对方以意料不到的还击。但需要注意的是，在“迟钝”中掌握主动，关键是心中要有对付对方的策略，没有策略，就是以无为而示有为，本来糊涂反装聪明，这样就会弄巧成拙，于己不利。

四十六章

【原文】

天下有道，却走马以粪[1]；天下无道，戎马生于郊[2]。祸莫大于不知足，咎莫大于欲得[3]。故知足之足，常足矣。

【注释】

〔1〕却：驱赶。高亨《老子正诂》："却，犹驱也。"走马：快马。走，跑，这里指跑得快。粪：泛指种地。

〔2〕戎马生于郊：据《韩非子·解老》，意思是说连年征战，马匹不足，连怀胎母马也用于战争，以致产仔于战场。戎马，战马。郊，郊野，这里指战场。

〔3〕咎(jiù)：灾难。

【译文】

国家的政治措施符合规律，驱赶快马来种田；国家的政治措施不符合规律，连怀胎母马也用来作战。最大的灾祸是不知满足，最大的危险是贪得无厌。所以知道满足的这种满足，才能永远感到满足。

【赏析】

在这一章中，老子讲述了如何统治天下才算有道德，即按照大道的德性那样，无言无为，无争无夺便可主宰天地万物，永生永世而不绝。然而，怎样才能算得上是无言无为、无争无夺，老子告诉我们是知足，因为大道的德性就是知足而无争无求。

心里不知足，就会想着去占有；要占有，就会去争夺拼杀；要拼杀，就会有灾难。从而可见，人类所面临的一切灾难，都是由于人们强烈的占有欲引起的。但如果一个人能够知道满足，那么无论什么样的困难就都可以面对了，什么样的条件也都能适应了，任何外界的情况都不会对我们有什么不利，人们所不喜欢的灾难和咎殃也就不会降临到我们的头上。作为统治者，如果能够知道满足，对外不再有征战，对内不再搜刮民脂民膏，自然能够统治长久，万民自然归附而不离弃。

四十七章

【原文】

不出户〔1〕，知天下；不窥牖〔2〕，见天道。其出弥远〔3〕，其知弥少。是以圣人不行而知，不见而名〔4〕，不为而成〔5〕。

【注释】

〔1〕户：门。

〔2〕窥(kuī)：从小孔里看。牖(yǒu)：窗。

〔3〕弥(mí)：越，更加。

〔4〕名：同明，明白。《韩非子·解老》的引文即作“不见而明”。

〔5〕不为而成：是说圣人顺应万物本性，不去人为地干涉，而万物也就自然长成了。

【译文】

不出大门，就能了解天下大事；不望窗外，就能知道天的运行规律。出门越远，知道得越少。因此圣人不必亲自去实践就能了解，不必亲自去看就能明白，不必亲自去做万物也就自然生长。

【赏析】

圣人无为，所以能知足，所以便合乎了“道”的德性。由于体悟了道，所以他们知晓天下万物，所以老子说：“不出户，知天下；不窥牖，见天道”，表达了其不注重外在的经验知识而注重内在自省的思想。他认为一个人要想真正地认识世界，就必须保持心态宁静，如果心智活动向外界索求知识，就会使心智活动受到外界环境的扰乱，一颗轻浮躁动的心很难明澈地认识外部世界，因此说“其出弥远，其知弥少”。老子这样的认识，取决于他对天地大道的推崇。他认为世界由道来主宰，世界万物都依照道的规律运行，因此只要能够掌握道，也就意味着掌握了天地万物的知识。所以他主张通过人的自我修行活动，克制自己的欲望，消除心灵的蒙蔽，摒除杂念的干扰，以本明的智慧、虚静的心境，去体察大道的存在，进而获得关于外物的真正知识。

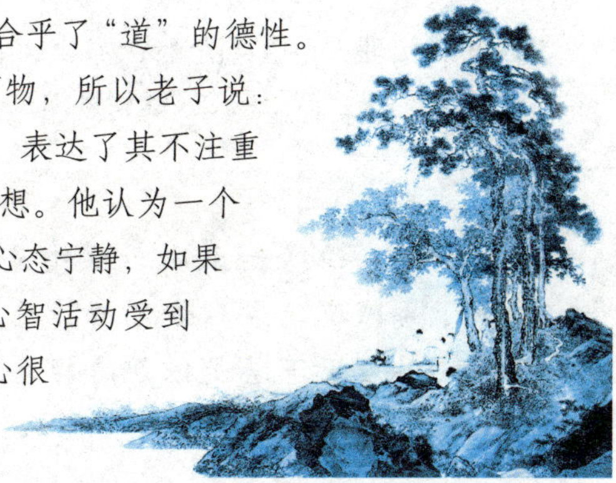

由此观知，本章讲的是认识事物的方法问题，但实际上，却与我们现代人所说的认识事物的方法有所不同。因为中国古代思想中的“真理”、“天理”往往指的是人们要奉行的某种完善的行为规范，或者是社会所要遵循的道德规范，伦理的意义要大大多于知识的意义，所以我们不能把这章单纯地看作是认识论的问题，这点是非常值得注意的。

四十八章

【原文】

为学日益[1]，为道日损，损之又损，以至于无为。无为而无不为。取天下常以无事[2]，及其有事[3]，不足以取天下。

【注释】

〔1〕为学日益：研究学问，情欲一天比一天增多。为，研究。学，指仁义礼智等学问。益，增多。

〔2〕取：治理。无事：清静无为。

〔3〕及：如果。据王引之《经传释词》，古时“及”、“若”通用。

【译文】

研究学问，情欲一天比一天增多；研究“道”，情欲一天比一天减少，减少了再减少，最后达到清静无为的境界。清静无为反而能够做成一切事情。治理天下总是依靠清静无为，如果碌碌多为，就不能够治理好天下。

【赏析】

这一章老子更进一步地阐述求知和行道的不同。“为学日益，为道日损”，“为道”与“为学”是完全对立的两个概念，学习知识的活动以扩充增加为原则，而修道者的修炼功夫则是以收敛为原则。智与不智的判别标准在于生命的久暂安危，造成久暂安危差异的关键在于人心多欲与否，多欲则走向失己失身。所以，得道者修心的追求在于收敛欲望，所以为道的活动是“日损”的。

为道去欲达到极致便是“无为”的人生境界，即在心中已无任何的私心欲望，不显现任何“为己”的意图，从而达到“无为而无不为”的境界。

而事实上，这只是老子的一个理想而已，世间能有几人得道，获取符合大道的大德？人向外的索求永远也没有一个尽头，人类对功名、财富的追求永远也不会满足。所以智者劝告世人：如果你不想变得疲惫不堪，如果你不想人生之路走得太沉重，应该学会轻载。

四十九章

【原文】

圣人无常心[1]，以百姓心为心。善者吾善之[2]，不善者吾亦善之，德善[3]。信者吾信之[4]，不信者吾亦信之，德信。

【注释】

〔1〕无常心：没有永恒不变的思想。圣人顺应自然，顺应客观，因时而变，所以说“无常心”。

〔2〕善之：以善意对待他。

〔3〕德善：得到了善。德，同得。意思是说，不善良的人，我也善待他，这样就会得到好的结果，使他也变成善人。

〔4〕信：第一个“信”是诚实的意思，第二个“信”是“相信”的意思。

【译文】

圣人没有永恒不变的思想，而是把百姓的思想作为自己的思想。善良的人，我以善意对待他，不善良的人，我也以善意对待他，结果就会使他也变得善良。诚实的人，我相信他，不诚实的人，我也相信他，结果就会使他也变得诚实。

【原文】

圣人在天下[1]，歙歙为天下浑其心[2]。百姓皆注其耳目[3]，圣人皆孩之[4]。

【注释】

〔1〕在：在位，治理。一说是生活在。

〔2〕歙歙（xī）：形容思想混混沌沌的样子，即下文所说的“浑其心”。另外还有多种解释：蒋锡昌《老子校诂》认为是描写“无欲之状”。高亨《老子正诂》认为“犹汲汲”，描写急急忙忙的样子。任继愈《老子新译》认为是描写“谐和的样子”。浑：混混沌沌、无知无欲的样子。

〔3〕注其耳目：使用他们的耳目，即多闻博见的意思。注，用。

〔4〕孩之：使他们像孩子一样。孩，使动词。

【译文】

圣人治理天下，要使天下人的思想都变得混混沌沌。百姓都喜欢多闻博见，而圣人要使他们都变得像无知无欲的婴儿一样。

【赏析】

本章是老子清静无为的政治理想的集中体现。老子认为理想的统治者应收敛自我的欲望，不主观划定是非好坏的标准，能够破除心中不平等的观念，对平民百姓一视同仁，消除彼此间的分歧与隔阂。对于善人和不善的人都能一律平等善待，特别是对于不善的人，并不因其不善而鄙视他，抛弃他，而是劝解他，诱导他。正是因为他真诚地对待别人，别人感觉到了他的真诚，也就自然地从内心尊敬他、爱戴他，乐于倾听他的教诲，乐于模仿他的品行。上行下效，万民归一，天下大治。

而作为普通人，我们应该向圣人学习，学习他们美好的品德。爱心是沟通人与人心灵之间的桥梁，你真诚地关爱他，他人也会同样对你，这样我们的生活才能更和谐，人与人之间将会更融洽。爱是世界上最有威力的武器，它能摧毁挡住人们心灵的高墙，让怀疑与仇恨不复存在，爱会产生更加美好的生活，让和平永远成为时代的主题。

五十章

【原文】

出生入死[1]，生之徒十有三[2]，死之徒十有三，人之生[3]、动之死地亦十有三[4]。夫何故？以其生生之厚[5]。

【注释】

〔1〕出生入死：从出生到死亡，即人的一生。《韩非子·解老》：“人始于生而卒于死，始谓之出，卒谓之入，故曰出生入死。”

〔2〕徒：同“途”，道路。十有三：十分之三。

〔3〕之：走向，引申为追求。

〔4〕动之死地：（为求生）碌碌多为反而走向了死亡。动，指求生的活动。之，走向。

〔5〕生生之厚：保养生命的办法太过分。第一个“生”为动词，保养。第二个“生”为名词，生命。厚，多，引申为过分。

【译文】

在人的一生中，生存的途径占十分之三，死亡的途径占十分之三，为了生存而碌碌多为、结果反而走向死亡的道路也占十分之三。这是为什么呢？因为他们用来保养生命的办法太过分了。

【原文】

盖闻善摄生者[1]，陆行不遇兕虎[2]，入军不被甲兵[3]。兕无所投其角[4]，虎无所措其爪[5]，兵无所容其刃[6]。夫何故？以其无死地[7]。

【注释】

〔1〕盖：发语词。摄(shè)生：保养生命。摄，保养。

〔2〕兕(sì)：一种野兽，形状像牛，头上一只角。

〔3〕被：受到。甲兵：战衣和兵器。这里泛指兵器。

〔4〕无所：没有因由，没有必要。

〔5〕措：放置，这里指用爪子抓人。

〔6〕容：容纳。这里引申为插入、刺入。

〔7〕死地：死亡的领域，引申为被杀死的原因。

【译文】

听别人说，善于保养生命的人，在陆地行走不会遇到兕牛和猛虎的危害，在战争中不会遭到杀伤。因为兕牛没有必要用角去触他，猛虎没有必要用爪子去抓他，兵器没有必要去刺他。这是为什么呢？因为他本身没有引起死亡的原因。

【赏析】

上一章老子向我们讲述了作为一个圣人，或是做一个趋向圣人的人，就应该对万物没有分别之心，就应该有包容一切的博大心胸。本章老子又从另一个方面讲述了为什么应该没有分别之心。生死乃自然规律，老子在文中以生死为例表达了对“生生之厚”的贬斥，以及对“无死地”之“善摄生”境地的推崇。老子认为过分追求长生，结果只能是加速其死，只有心灵清净，无欲无求的行为方式才能健康长寿。对于生命过分重视必然导致心灵的蒙蔽，很多时候人们为了保有生命而过分重视肉体的安逸，从而扩大了对物质欲望的追求。心灵受到蒙蔽，人就无法认清事实的本来面目，不能做出正确的选择，从而导致对已经来临的危险浑然不觉，甚至自蹈死地。反之，如果对生死没有分别，那就会在任何地方都不害怕，面对任何情况都能保持冷静，无论身处何种困境，都能够以一颗平常心去对待，从而渡过困难，摆脱困境，得以长寿。所以说，许多事情，我们不能看得太重，应抱有一种无欲无求、清净无为的态度，只有这样才能顺应万物，与大道同行。

五十一章

【原文】

道生之[1]，德畜之[2]，物形之[3]，势成之[4]。

【注释】

〔1〕之：本段的“之”全指万物。

〔2〕畜(xù)：养。

〔3〕形之：使万物成形。形，使动用法。

〔4〕势：环境。指万物各自生长所需的诸如土地、气候等环境。

【译文】

“道”使万物得以产生，“德”使万物得以畜养，物质使万物得以成形，环境使万物得以成熟。

【原文】

是以万物莫不尊道而贵德。道之尊，德之贵，夫莫之命而常自然[1]。

【注释】

〔1〕莫之命：即“莫命之”，没有人命令它们如此。自然：自己成为这个样子。自，代指万物。然，……的样子。

【译文】

因此天下万物没有不尊崇“道”和重视“德”的。“道”被尊崇，“德”被重视，并没有人命令如此，而是万物本身自然而然地永远去这样做。

【原文】

故道生之[1]，德畜之，长之育之，亭之毒之[2]，养之覆之[3]。生而不有，为而不恃[4]，长而不宰[5]，是谓玄德[6]。

【注释】

〔1〕之：本段的“之”全部指万物。

〔2〕亭之毒之：使万物成熟。亭、毒，即成、熟。高亨《老子正诂》：“‘亭之毒之’，河上本作‘成之熟之’，古本多与河上同。亨按：‘亭’当读为‘成’，‘毒’当读为‘熟’。皆音同通用。”

〔3〕覆：覆盖，引申为保护。

〔4〕为而不恃(shì)：帮助万物而不依赖它们。为，帮助。恃，依赖。

〔5〕宰：主宰者。

〔6〕玄德：高尚的品德。玄，高深，高尚。

【译文】

所以是“道”使万物得以产生，“德”使万物得以畜养，（道、德）使万物成长发育，使万物结果成熟，对万物加以抚养保护。（道、德）生养了万物却不据为己有，帮助了万物却不依赖它们，成就了万物却不做它们的主宰者，这可以说是最高尚的品德。

【赏析】

珍惜生命并不是教人贪生怕死，而是要顺应自然的规律。但为什么又要遵循自然的规律呢？因为大道生成了万物，大德养育了万物，生长而不占有，有功却不自恃，所以大道才会永远那么自然而然，无生无死。而从另一个角度来说，有来无往非礼也，你帮助了别人，别人就应该回报你，这就违背了自然的规律，因而有了痛苦和烦恼。但是如果你能不占有、不自恃，像大道那样付出，不奢求回报，符合了自然，必然没有痛苦和烦恼。

所以我们立身处世应牢记：只有真诚的付出，才会被别人真正地接受，才会有美好的收成。但是做事的时候要只问耕耘，不问收获，那样你就是幸福的人。你会发现，当你给予别人以微笑时，你自己也是快乐的；当你付出真情时，你自己同样也被感动着。在你的周围，友谊的光辉普照，因为你的真诚与善良，你得到了更多真心待你的朋友，因为你的不求回报，因此而被众人所爱，快乐与你同行，幸福将你常伴。

五十二章

【原文】

天下有始，以为天下母[1]。既得其母[2]，以知其子[3]。既知其子，复守其母，没身不殆[4]。塞其兑，闭其门[5]，终身不勤[6]。开其兑，济其事[7]，终身不救。

【注释】

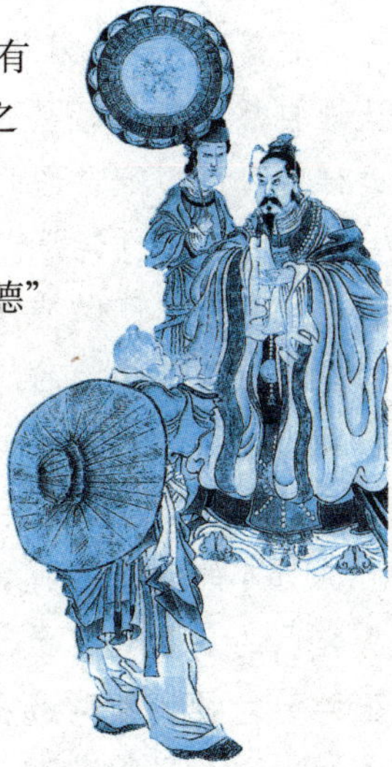

〔1〕天下母：天下万物的根本，即“道”。二十五章：“有物混成，先天地生，……可以为天下母。吾不知其名，字之曰道。”

〔2〕得：掌握。

〔3〕其子：指万物各自具有的特殊规律，即“德”。“德”来自“道”，所以称它为“道”的儿子。

〔4〕没身：终身。殆(dài)：危险。

〔5〕塞其兑(duì)，闭其门：两句一个意思，即闭目塞听、无识无欲的意思。兑，孔窍，指耳目口鼻。门，与“兑”义同。

〔6〕勤：辛苦，痛苦。

〔7〕济：成。这里指碌碌多为以求成功。

【译文】

天下万物都有一个源始，可以把这个源始看作万物的根本。已经掌握了这一根本，就可以凭此来认识万物的特性。已经认识了万物的特性，回头再坚守这一根本，终身没有危险。闭目塞听，无识无欲，终身没有痛苦。博见多欲，碌碌多为以求成功，终身不可救药。

【原文】

见小曰明，守柔曰强。用其光[1]，复归其明[2]，无遗身殃[3]，是为习常[4]。

【注释】

〔1〕光：泛指优点，长处。

〔2〕复归其明：恢复自己的明智。

〔3〕无遗身殃：不给自己招来灾难。

〔4〕习常：掌握了规律。习，通晓，掌握。常，永恒不变的道理，即“道”。

【译文】

观察细微叫作明智，保持柔弱叫作强大。发挥长处，恢复自己的明智，不给自己招来灾难，这可以说是掌握了规律。

【赏析】

上一章老子给我们讲述了人为什么必须遵循的规律，本章接着前面，讲怎样去遵循自然的规律。要遵循自然的规律，就应该认识自然的德性，认识自然的德性还要从自然的角度来认识自己，这样就可以规范自己的言行，一切顺其自然，不妄加施为了。也就是说，站在自然大道的立场观看自己，让自己保持与大道一样的德性，塞住贪婪的孔目，闭住嗜欲的门径，坚守柔弱，这样就无灾无害了。

这里老子教了我们一种认识的办法，即要求我们学会从另外的立场来观看自己。人类最大的毛病在于喜欢从自己的角度看自己，因而体察不到自己的愚钝、好逞聪明，却全然不知真正的智慧其实被蒙蔽在自己的内心不得显现。而真正的智者却从不会标榜自己的才学，明明满腹经纶却表现得木讷笨拙，即“大智若愚”。这其实才是真正的智慧，不但是对道内敛柔顺精神的体现，也是真正明了事理的明证。所以人要学会从另外一个立场来认识自己，思考自己，这点是很重要的，也是我们最缺少的，是人生的智慧。因为只有这样才能认识到自己的不足与缺点，只有这样我们才能化解矛盾，消除祸患，从而走向成功。

五十三章

【原文】

使我介然有知[1]，行于大道[2]，唯施是畏[3]。大道甚夷[4]，而民好径[5]。

【注释】

〔1〕介然：很少的样子。介，同芥，细小，微少。

〔2〕大道：大路。这里比喻遵循规律办事就是走光明大道。

〔3〕唯施（yǐ）是畏：即“唯畏施”，只怕走斜路。施，同“迤”，斜，斜路。

〔4〕夷：平。

〔5〕民：人。古时“民”、“人”通用。这个人是指下文讲的统治者。径：斜路，小路。

【译文】

假如我多少有点常识的话，我就沿着大路行走，而生怕走斜路。大路非常平坦，而有些人偏偏喜欢走斜路。

【原文】

朝甚除[1]，田甚芜，仓甚虚。服文彩[2]，带利剑，厌饮食[3]，财货有余，是谓盗竽[4]。非道也哉！

【注释】

〔1〕朝甚除：宫殿修理得整齐干净。朝，朝堂，宫殿。除，修整，治理，引申为修理得整洁。

〔2〕服文彩：穿华丽的衣服。

〔3〕厌：吃饱喝足。

〔4〕盗竽（yú）：强盗头子。据《韩非子·解老》说，竽在古代属“五音之长”，每次演奏，一般是竽先发音，然后是其他乐器相和，所以用竽来比喻首领。

【译文】

宫殿十分整洁，而农田却很荒芜，仓库也很空虚。身穿华丽服装，腰佩锋利长剑，吃饱喝足，财富有余，这样的人就叫作强盗头子。这是不符合规律的。

【赏析】

上一章讲述了人们怎样去遵循大道，修习纲常，在本章则讲述了人们为什么不去遵循大道，修习纲常。因为“民好径”。自从人们有了分别的概念，人们便以自己喜欢的方式去思考一切，认为求得大道，获得幸福也是有捷径可循的，诸如统治者不顾人民的死活而只知一味地享受，这就是抄小路去寻找幸福，无异于强盗的自夸，是自取灭亡。

由此，老子告诫世人：通往幸福、成功、理想的路是没有捷径可寻的。成功之路，绝非坦途，每个人都想找一条更省力气到达山巅的路，而事实上，没有征服那些看不见的悬崖峭壁，就永远不可能到达顶峰。只有经历一些，才能懂得一些。没有品尝过失败的味道，又怎能告诫自己如何不失败？没有体会过等待的苦楚，又怎么能够感悟到成功的喜悦？再说“欲速则不达”，还是做好思想准备，踏踏实实地走下去，只有这样才能体会到成功的喜悦、珍惜幸福的来之不易。

五十四章

【原文】

善建者不拔，善抱者不脱，子孙以祭祀不辍[1]。

【注释】

〔1〕以：凭借。后省略宾语“善建”、“善抱”。祭祀：祭祀祖先。辍(chuò)：停止，断绝。

【译文】

善于建立的无法被拔掉，善于保持的就不会脱落，子孙凭此可以世代祭祀祖先而不停止。

【原文】

修之于身[1]，其德乃真；修之于家[2]，其德乃余[3]；修之于乡，其德乃长；修之于国[4]，其德乃丰；修之于天下，其德乃普。

【注释】

〔1〕之：本段中的“之”全部指“道”。因为“德”来自“道”，只能以“道”修身，才会有“德”。

〔2〕家：家庭。

〔3〕余：丰余。“修之于家，其德乃余”意思是说，用“道”来治家，“德”就会变得多起来，以至化及全家人。以下数句的意思一样。“余”、“长”、“丰”、“普”也是递进关系，表示修“道”的面越大，“德”的普及范围就越广。

〔4〕国：指诸侯国。

【译文】

按照规律来修养自身，个人美德就会变得纯真；按照规律来要求全家，美德就会化及全家；按照规律来管理全乡，美德就会波及全乡；按照规律来整顿全国，美德就会遍及全国；按照规律来治理天下，美德就会普及天下。

【原文】

故以身观身[1]，以家观家，以乡观乡，以国观国，以天下观天下。吾何以知天下然哉[2]？以此。

【注释】

〔1〕以身观身：用修身的原则来观察个人。以，用。

〔2〕何以：凭什么。然：代词，这里指天下情况的好坏。

【译文】

所以要用修身的原则来观察个人，用齐家的原则来观察全家，用理乡的原则来观察全乡，用治国的原则来观察全国，用平天下的原则来观察天下。我凭什么来了解天下情况的好坏呢？就凭借这一原则。

【赏析】

本章旨在重复肯定修道积德对维护王朝事业的永继不衰所具有的巨大效能，进而在此基础上提出了应在社会政治领域进行修道积德的劝道倡言。

老子劝导统治者要从个人做起，让整个社会在身、家、乡、邦，乃至整个天下各个层面都修道积德。他幻想着一个人人、家家、乡乡、邦邦，乃至整个天下都以进道修德为生活目的，以相互对比竞进来达到同归大道的壮观场面。

修道、积德，治国如此，我们做人亦当如此。要想有所进步，有所成就，就必须用自己去与他人做比较。所谓“尺有所短，寸有所长”，再聪明的人也有缺点，明白了这个，你才会真正发现自己缺少什么，应该如何去做。因为很多时候，我们很难看清自己，犹如你开车时，本已风驰电掣，你却仍想加速，此时你若看看周边其边车辆慢若老妇，便会自动地放慢速度。这是何故？是因为参照物的作用，我们每个人都需要参照物，以我们身边优秀的人为镜，我们便会不断完善，不断进步。

五十五章

【原文】

含德之厚，比于赤子[1]。蜂虿虺蛇不螫[2]，猛兽不据[3]，攫鸟不搏[4]。骨弱筋柔而握固[5]。

【注释】

〔1〕比：和……一样。赤子：婴儿。

〔2〕蜂虿(chài)虺(huǐ)蛇：泛指毒虫。河上公本此四字即作“毒虫”。虿，

蝎子一类的毒虫。虺，一种毒蛇。螫(shì)：毒虫刺人或牲畜。

〔3〕据：抓。

〔4〕攫(jué)鸟：凶猛之鸟。攫，用爪抓取，攫鸟，指能用爪子搏击的凶鸟，如鹰、雕之类。

〔5〕握固：掌握得很牢固。“骨弱筋柔而握固”是说婴儿的身体柔弱无力而保护得却很安全。一说“握固”指拳头握得很紧。

【译文】

如果一个人所具有的品德很高尚，就能像婴儿一样纯真。那么毒虫就不会去蜇他，猛兽就不去扑抓他，凶鸟就不去搏击他。身体虽然柔弱无力然而保护得却很安全。

【原文】

未知牝牡之合而全作〔1〕，精之至也〔2〕。终日号而不嗄〔3〕，和之至也〔4〕。知和曰常〔5〕，知常曰明，益生曰祥〔6〕，心使气曰强〔7〕。

【注释】

〔1〕未知牝牡之合而全作：婴儿连一般的常识都没有，却能安全生长。牝牡之合，雌性和雄性交配，这里代指一般生活常识。作，生长。

〔2〕精：精诚纯一，没有杂念、私欲。

〔3〕号(háo)：大声哭。嗄(shà)：声音嘶哑。

〔4〕和：平和无欲。

〔5〕知和曰常：知道保持平和无欲，可以说是懂得了道。常，指道。道是永恒的，所以又把道叫作“常”。

〔6〕益生：对生命有好处。指精诚纯一、平和无欲有益于生命。祥：多解释为灾殃、妖孽。古代“祥”确有此种用法，但老子在谈到“灾殃”义时全部用“不祥”一词。如三十一章“夫惟兵者不祥之器”、“兵者不祥之器”，七十八章“受国不祥”。因此，这个“祥”应解释为“吉祥”。

〔7〕心使气曰强：多解释为“欲望支配精气叫作逞强”（任继愈《老子新译》），意思含糊。心，指人的思想意志。气，指人的精神欲望。心使气，即意志控制着自己的欲望。“心使气曰强”即三十二章中所讲“自胜者强”。

【译文】

（婴儿）连一般的常识都没有，却能安全成长，这是因为他精诚纯一。整天号哭而声音却不嘶哑，这是因为他平和无欲。懂得保持平和无欲可以说懂得了规律，懂得了规律叫作明智，（这样做）有益于生命就叫作吉祥，能够控制自己的欲望就叫作强大。

【原文】

物壮则老，谓之不道，不道早已[1]。

【注释】

〔1〕已：停止，灭亡。

【译文】

事物强盛了就会走向衰老，（求强求壮）是不符合规律的，不符合规律就会很快灭亡。

【赏析】

本章以婴儿做比喻，说明厚德境地必须是“精”与“和”的统一，“精”必须以“和”为基础。精力致能，和气保魄。能够保持和气就是遵循大道，认识了遵循大道的道理，就会无灾无害，一切吉祥。人一旦贪图生活中的快乐，放纵自己的情欲，就会有灾难出现，一旦用心去使唤自己的精力血气，那就会变得刚强起来，但刚强之后就会衰老，这便是“物极必反”的道理。

人生在世，七情六欲。欲望并非坏事，其乃人生之本的内在原动力。正是因为有了它，人才会有理想、信念和追求，才会有科学的进步，有各种物质和精神的建树。但是欲求难得有度，失度就会贻害无穷。放纵物欲、情欲就会迷失本性，坠入欲望的深渊，这就是对“物极必反”的诠释。

所以，只有控制自己的欲望，用修习德性来使欲望逐渐地减少，让慈悲和智慧在战胜自我的过程中不断地增加，让暴戾和欲望在修善积德的过程中不断地减少，才能恢复如婴儿般无知无欲的本我，在大道之中徜徉。

五十六章

【原文】

知者不言[1]，言者不知。塞其兑，闭其门[2]；挫其锐，解其纷；和其光，同其尘[3]。是谓玄同[4]。

【注释】

〔1〕知者不言：真正懂得规律的人是不愿多说话的。

〔2〕塞其兑，闭其门：见第五十二章注释。

〔3〕挫其锐，解其纷；和其光，同其尘：见第四章注释。

〔4〕玄同：大同。玄，形容混同的程度。

【译文】

懂得规律的人是不会夸夸其谈的，夸夸其谈的人并不懂得规律。（懂得规律的人使人们）闭目塞听，没有知识；挫去他们的锋芒，从而解脱他们之间的纷争；调和他们的光耀（优点），从而使他们都具有一定的缺陷。这就叫作大同。

【原文】

故不可得而亲[1]，不可得而疏[2]；不可得而利，不可得而害；不可得而贵，不可得而贱。故为天下贵。

【注释】

〔1〕不可得：不可能。

〔2〕疏：疏远。

【译文】

所以（对于懂得规律的人），既不可能与他亲近，也不可能与他疏远；既不可能使他得利，也不可能使他受害；既不可能使他尊贵，也不可能使他卑贱。所以他被天下人所尊崇。

【赏析】

《论语》有言："人不知而不愠，不亦君子乎！"那是君子的德性！而一般的人就会不高兴！作为年轻人，总是希望在最短的时间内使别人知道自己是个不平凡的人，因此总是刻意地显示出自己有别于他人的才能，可以说是"锋芒必露"、"光芒耀眼"。而实际上，真正的聪明者与之恰恰相反。他们个个深藏不露，看起来似乎都是庸才，谁知他们的才能，颇有高出于众人的？他们个个都很讷言，谁知颇有雄才大略而不愿久居人下的？因为他们从不肯在行为上、行动上显露自己。

对此本章老子讲述了"玄同"，也就是"塞兑闭门"、"挫锐解纷"、"和光同尘"的做法，做到这样就不会受到伤害了。而上面那些聪明的人，他们的出发点就在于此，他们怕自己耀眼的光芒得罪了别人，得罪了别人便成为自己的阻力，成了自己的破坏者。当四周一片荆棘，你的立足点何在？哪里还能实现自己求知于人的目的？所以，懂得将自己混同于世俗之列的人，才能得到众人的友谊和帮助，而在适当的时机，恰当地显露自己的才华才能取得巨大的成功。

五十七章

【原文】

以正治国〔1〕，以奇用兵〔2〕，以无事取天下〔3〕。吾何以知其然哉？以此：天下多忌讳而民弥贫〔4〕；民多利器〔5〕，国家滋昏〔6〕；人多伎巧〔7〕，奇物滋起〔8〕；法令滋彰〔9〕，盗贼多有。故圣人云："我无为而民自化，我好静而民自正，我无事而民自富，我无欲而民自朴。"

【注释】

〔1〕正：指正确的方法。

〔2〕奇：邪，指权诈的手段。与"正"相对。

〔3〕取：治理。详见二十九章注释。

〔4〕忌讳：泛指不许说不许做的事。弥(mí)：更加。

〔5〕利器：优良的器具。

〔6〕滋：更加。《孟子·公孙丑上》："若是，则弟子之惑滋甚。"

〔7〕伎巧：即技巧。伎，同"技"。

〔8〕奇物：邪物。老子认为一些新东西是欲望的产物，是引起社会动乱的根源。所谓"奇物"，不仅指一些先进的生产工具，可能更多的是指法令、礼教以及奢侈品。一说"人多伎巧，奇物滋起"的意思是"人的智慧越多，邪恶的事情也越多"，王弼注与此同。

〔9〕彰：明，清楚。

【译文】

用正确的办法治国，用权诈的手段用兵，用清静无为的政策来管理天下。我根据什么知道应该这样呢？根据如下：天下忌讳越多，人民越穷；人们的优良器具越多，国家越混乱；人们的技术越巧，邪物越多；法令越清楚，盗贼越众。所以圣人说："只要我无为，人民就会自然归化；只要我清静，人民就会自然端正；只要我无事，人民就会自然富足；只要我无欲，人民就会自然淳朴。"

【赏析】

上一章讲了智慧者的作为，本章则讲述了统治者该如何作为。用清静无为、顺其自然的方法来治理国家，用奇诡变幻、出神入化的策略去行军打仗，用垂拱而治、无所事事的政策来要求百姓，这就是统治者正确的治理方法——无为而治。这与三十七章相对应，而且比它说得更加具体。作者通过反面的论证来说明统治者对民众要求、干涉得越多，人民的反抗就会越多，社会就会越动荡不安。

统治者就如同一个企业的领导者。从老子的思想中去体味一些领导的原则，就是身为领导者应懂得无为而治，懂得放权，让下属有自由发挥的空间。如果企业的领导事无巨细，什么都管，不给下属一点权力与自由，那么，不仅领导累得不行，同时也会给企业培养一批不愿动脑，没有开创、开拓精神的职工。同时，亦有些领导虽然给了下属一定的空间，但却经常不放心，时常进行越级指挥，长此以往下级就会感到有职无权，走人也就是意料之中的事了。

五十八章

【原文】

其政闷闷[1]，其民淳淳[2]。其政察察[3]，其民缺缺[4]。祸兮，福之所倚[5]；福兮，祸之所伏。孰知其极[6]？

【注释】

〔1〕闷闷：糊涂的样子。

〔2〕淳淳：忠厚的样子。

〔3〕察察：清楚的样子。

〔4〕缺缺：狡猾欺诈的样子。缺，败坏。

〔5〕倚(yǐ)：靠。

〔6〕极：终极，最后的结果。“孰知其极”意思是说福变为祸，祸又变为福，如此反复，谁也不知道最后的结果是福是祸。

【译文】

政令糊糊涂涂，人民反而会变得淳厚。政令清清楚楚，人民反而会变得狡诈。灾祸啊，幸福就紧靠在它的旁边；幸福啊，灾祸就埋伏在它的里面。谁能知道最后的结果是什么呢？

【原文】

其无正，正复为奇[1]，善复为妖。人之迷，其日固久！是以圣人方而不割[2]，廉而不刿[3]，直而不肆[4]，光而不耀[5]。

【注释】

〔1〕奇：邪恶。七十四章：“而为奇者，吾得执而杀之。”

〔2〕割：损害。

〔3〕廉：棱角。《九章算术》：“边谓之廉。”《广雅·释言》：“廉， 棱也。”刿(guì)：划伤。

〔4〕肆(sì)：延伸，扩张。这里引申为把自己的思想行为推广开去，强求别人也这样做。

〔5〕耀(yào)：过分明亮，刺眼。

【译文】

没有永远正确的东西，正确会变为邪恶，善良会变为妖孽。人们不懂得这一道理，由来已久了！因此圣人方方正正却不损害别人，有棱有角却不伤害别人，坚持正道却不强人所难，发出光芒却不刺人眼睛。

【赏析】

前面几章论述了“德”在政治、社会、人生方面的体现，本章则继续讲述“德”在政治、社会、人生方面的辩证法。其内容可分为两个部分，第一部分陈述了两种不同的施政方针所带来的效果；第二部分说的是人生的道理——塞翁失马，焉知非福。在生活中，福祸相因，福中潜伏着祸的种子，祸中又常有福的因素，福祸是相依相生的。

世间事物流转运作，永久处于一种不断变化的状态之中，因此观察事物不能仅仅局限于表面现象，我们更应该透过表象深入认识事物的本质，做全面的观察。人生之中，总会有低潮与高潮。在失落困顿中，我们不能只看到眼前的艰难，被眼前的困境所威吓，而是应该调整好自己的心态，以积极乐观的态度去面对，那样就必定能摆脱困境。在春风得意时，我们千万不能被那时的鲜花、掌声、赞美给冲昏头脑，而是应该放下光环，以一颗平常心去面对那些容易让人迷失自我的名誉、地位，以便再接再厉，获得更大的成就。“祸兮，福之所倚；福兮，祸之所伏”，只要我们具备了一颗平常心，就自然能够坦然而成功地面对生活中的一切变化，成为生活的强者。

五十九章

【原文】

治人、事天莫若啬〔1〕。夫唯啬，是谓早服〔2〕。早服谓之重积德〔3〕。重积德则无不克〔4〕。无不克则莫知其极〔5〕。莫知其极，可以有国。有国之母〔6〕，可以长久。是谓深根固柢〔7〕、长生久视之道〔8〕。

【注释】

〔1〕事天：对付自然。事，侍奉，对付。天，指自然。啬(sè)：节俭。这里泛指清静无为，积蓄力量。

〔2〕早服：(在灾难来临之前)及早遵循规律。服，服从，遵循。“服”后省去宾语“道”字。《韩非子·解老》：“夫能啬也，是从于道而服于理者也。众人离于患，陷于祸，犹未知退而不服从道理。圣人虽未见祸患之形，虚无服从道理以称蚤(早)服。”这种解释十分正确。二十一章“孔德之容，惟道是从”，“德”从“道”而来，只有“早服(道)”，才能“重积德”。

〔3〕重积德：很好地修养自己的品德。积，这里是修养的意思。

〔4〕无不克：无往不胜。克，胜。

〔5〕莫知其极：没有人知道他的力量的极限。也即他有无法估量的力量。从“早服(道)”到“莫知其极”的过程，也即“无为而无不为”的过程。

〔6〕有国之母：有了治国的根本。母，根本，也即原则，规律。《韩非子·解老》：“所谓有国之母，母者道也。”

〔7〕柢(dǐ)：与“根”同义。《说文》：“柢，根也。”

〔8〕久视：与“长生”同义。《吕氏春秋·重己》：“莫不欲长生久视。”高注，“视，活也。”

【译文】

治理百姓，对付自然，最好的办法就是清静无为，积蓄力量。清静无为，积蓄力量，这就是及早遵循规律。及早遵循规律也就是很好地修养自己的品德。修养好自己的品德也就能无往而不胜。无往而不胜就没有人能估量他有多大的力量。有了无法估量的力量，就可以治理国家。掌握了治理国家的根本原则，就可以长久存在。这就是巩固根基、永世长存的办法。

【赏析】

在老子的思想中，所谓“不争”、“无欲”和“无为”是所有生物均可采用的方式。但对于人类而言，要使这样的行为得到具体的落实，则需要有坚强而牢固的心理支撑点。关于“无为”的支撑点，老子在其他章已经反复提及，就是“无欲”。在本章，老子即通过逐层递进的推导，说明以“啬”为原则便可达到减少和消除欲望的目的。

“啬”就是指积蓄能量，养蓄精力，充实生命力。对于统治者而言，就是要求不断积德，从而战胜一切，当什么都可以战胜时就可以享有一个国家，享有一个国家并拥有了治国法则就可以长治久安了。老子在此把“啬”作为治国和治人事天的准则，把“啬”的特质作为国家的根本，国家或个人从“啬”做起，逐渐扩大为重积德，无不克，莫知其极，就等于为国家或个人建立了牢固的基础。古今中外历史之中，有多少有识之士即是以“啬”来严格要求自己，从而成就了不朽的功业。“啬”不仅是一种品德，也是一种智慧。

六十章

【原文】

治大国若烹小鲜[1]。

【注释】

〔1〕烹(pēng)：煎，煮。小鲜：小鱼。鲜,《说文》：“鱼也。”

【译文】

治理国家就像煎小鱼那样（不要经常翻动它）。

【原文】

以道莅天下，其鬼不神[1]。非其鬼不神，其神不伤人。非其神不伤人，圣人亦不伤人。其两不相伤[2]，故德交归焉[3]。

【注释】

〔1〕神：用如动词，显示神灵。

〔2〕相：全部，共同。

〔3〕交归：都归于百姓。交，都。

【译文】

按照规律来治理天下，那些鬼就不灵验了。并不是鬼不会显示灵验，而是它的灵验不能害人。不是它的灵验不去伤害人，根本原因是圣人也不伤害人。因为这两者都不伤害人，所以他们的恩德都将归于人民。

【赏析】

本章讲的是如何治理国家。对于遵循大道的圣人来说，治理国家就像加工一道美味可口的小菜般轻而易举、得心应手。因为用大道去治理天下，便可以使每一个人都把大道的德性置于自己的心灵之中，那么各种自私、邪恶、不正当、非法的意念就不会在每一个人的心灵中产生。当道德在人们的心灵中存在时，那些鬼怪的东西根本就无容身之地，因此它们再也不能败坏人们的心灵并诱使人们走向堕落、犯罪。

在谈如何治理国家的过程中，老子讲到了“神”，神是什么？在此老子认为，神就是大自然。人类是大自然的儿子，所以人理当敬神，敬神就是敬父母，就是敬自然。“酒肉穿肠过，佛祖心中留”，神当然不会跟人计较什么形式，但人心中不能没有神。在古代，上至于皇帝，下至于普通百姓，尚且知道祭拜皇天后土来感谢神灵的恩赐和保佑。可如今，具有更多科学知识的我们为什么偏偏置国家的法纪法规于不顾，随意地排放污气污水，肆意地滥砍滥伐，使得河流污染，

土地沙化。沙尘暴、台风、海啸、泥石流等灾害都是大自然对我们的惩罚，身处二十一世纪的我们，难道不该为此深思、反省吗？

六十一章

【原文】

大国者下流，天下之交[1]，天下之牝[2]。牝常以静胜牡[3]，以静为下。

【注释】

〔1〕交：交汇，归附。

〔2〕牝（pìn）：雌性的鸟兽，含有柔弱的意思。

〔3〕牡：雄性的鸟兽。以，前一个“以”是凭借的意思，后一句的“以”是“因为”的意思。

【译文】

大国（应像海洋一样居于百川的）下游，这样天下就会归附于它，还应该居于天下最柔雌的状态。雌性总是凭着沉静的性格战胜雄性，因为沉静也是一种卑下的表现。

【原文】

故大国以下小国[1]，则取小国；小国以下大国，则取大国。故或下以取，或下而取[2]。

【注释】

〔1〕以下：用谦下的态度。以，用。

〔2〕或：不定代词。实际前一个“或”指大国，后一个“或”指小国。以、而：这里的用法一样。

【译文】

所以大国用谦下的态度去对待小国，就能取得小国的拥戴；小国用谦下的态度去对待大国，就能取得大国的庇护。所以有的谦下能取得别人的拥戴，有的谦下能取得别人的庇护。

【原文】

大国不过欲兼畜人[1]，小国不过欲入事人[2]。夫两者各得其所欲，大者宜为下[3]。

【注释】

〔1〕兼畜：兼并占有，此处指得到别人的拥戴，像春秋五霸得到各小国的拥戴一样。

〔2〕入事：侍奉别人以求得到庇护。

〔3〕大者宜为下：宜，应该。据吴澄《道德经注》说，强调“大者宜为下”的原因是，“小者素在人下，不患乎不能下；大者非在人下，或恐其不能下。故曰‘大者宜为下’”。

【译文】

大国不过是想得到别人的拥戴，小国不过是想得到别人的庇护。（如果大国、小国都很谦下）那么它们就都能满足自己的要求，不过大国更应该注意谦下。

【赏析】

本章老子继续讲述治国的策略。在这里老子提出了“遇弱示弱”、“遇强示弱”的生存策略，即大国对待小国应该谦下，这样才能取得小国的归附。当然这里的“谦下”不是“遇强示弱”，而是要先确立自己大国的身份，当对方承认你的大国身份之后，自然对你没了攻击之心，而此时你对他再谦下一些，对方必然归附。“遇强示弱”时的谦下，不言自明，在此便不再赘述。总之，以上的这两种策略都有谦下的共同之处。我们之所以主张谦下，是因为“强”与“弱”、“大”与“小”，并不是一成不变的，正所谓“风水

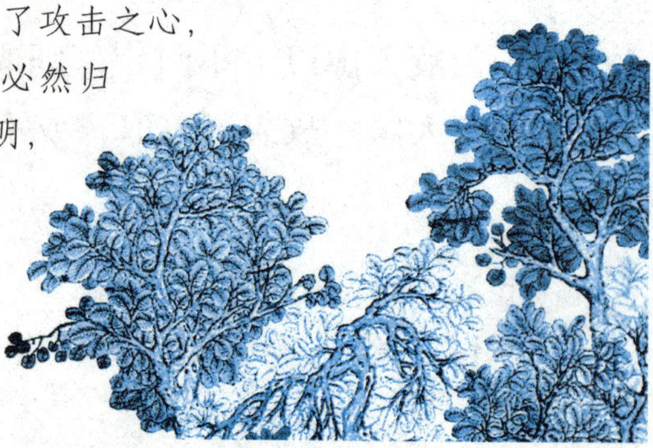

轮流转”，谁又能预料到未来的变化？如果今天你以强凌弱，以大欺小，说不定哪一天你就成为了弱小者，到那时等待你的也只有被人欺侮了。因此我们必须随时随处以变化的心态看待社会和人，平和心态，谦卑待人，以不变应万变，使自己永远掌握主动权，从而立于不败之地。

六十二章

【原文】

道者，万物之奥〔1〕，善人之宝，不善人之所保〔2〕。美言可以市尊〔3〕，美行可以加人〔4〕。人之不善，何弃之有〔5〕？

【注释】

〔1〕奥：主。

〔2〕所保：所以安身的东西。保，保护，引申为安身。

〔3〕市：买卖，此处指买，得到。

〔4〕美行：王弼本原无“美”字，据《淮南子》的《道应训》、《人间训》补。加人：居于人上。

〔5〕人之不善，何弃之有：疑此句应在“不善人之所保”句后，这样文义才连贯。

【译文】

规律是万物的主宰者，是善人的法宝，也是恶人借以安身的东西。有美言就可以得到别人的尊重，有美行就可以居于别人之上。即使有人做了恶事，又何必抛弃他呢？

【原文】

故立天子，置三公〔1〕，虽有拱璧以先驷马〔2〕，不如坐进此道〔3〕。古之所以贵此道者何？不曰以求得，有罪以免邪？故为天下贵。

【注释】

〔1〕三公：古代朝廷中三位最高官员，周代为太师、太傅、太保。

〔2〕拱璧：大玉璧。拱，两手合围。璧，平圆形中心有孔的玉。驷(sì)马：四匹马驾的车。

〔3〕坐进：安坐而进言。进，此处指把“道”讲给天子、三公听。

【译文】

所以在天子即位或三公就职时，即使有大玉璧在先、驷马在后这样的重礼，也不如安坐在那里把规律讲给他们听。从古以来人们重视规律的原因是什么呢？不就是为了依靠它有求而得、有罪而免吗？所以被天下人所重视。

【赏析】

大道生化万物，所以是万物的根本和依靠。人是万物之一，因此人无论善恶好坏，都生活在大道之中。善良的人做事要合乎大道，所以视它为珍宝；不善良的人虽不愿遵循大道，可一旦违背了大道，就会受到惩罚。

善良的人拥有了大道，他用其优美的言辞去博得别人的尊敬，用其美好的行为去感化他人，从而能够影响他人，使得那些不够善良的人也能得到教化。也就是说，所有的人都生活在大道之中，所有的人都有道性，在本质上是一致的。

时至今日，老子的这一思想对我们依然具有很大的启发意义。我们作为万物的灵长生活在地球上，我们拥有智慧的大脑和灵活的四肢，这应该作为我们成为高贵的人的条件，高贵的人具备谦和的道德品质，对周围的人应该一视同仁，决不因某些人的低劣而鄙视他们。因为大道对任何人都是仁慈的，对不善之人不仅不会抛弃他们，而且会对他们同样地加以保护。所以我们每一个人都应该学习大道，并做到与大道同步，对世间万物不分贵贱一视同仁。

六十三章

【原文】

为无为，事无事，味无味，大小多少[1]，报怨以德。

【注释】

〔1〕大小多少：根据上下文，意思是以小为大，以少为多。大、多都用如意动词。这与“报怨以德”以及下文提出的要重视细微之事的意思是一致的。

【译文】

把无为当做自己要干的，把无事当做自己要做的，把无味当做有味，以小为大，以少为多，以德报怨。

【原文】

图难于其易[1]，为大于其细[2]。天下难事必作于易，天下大事必作于细。是以圣人终不为大，故能成其大。

【注释】

〔1〕图：设法对付。《左传·隐公元年》：“无使滋蔓，蔓难图也。”

〔2〕细：小。

【译文】

设法对付困难要在它还容易解决的时候开始，实现大业要从很小的事情做起。因为天下的难事都开始于容易的事，天下的大事都开始于一些小事。因此圣人始终不做大事，所以才能成就大事。

【原文】

夫轻诺必寡信[1]，多易必多难[2]。是以圣人犹难之[3]，故终无难矣。

【注释】

〔1〕诺(nuò)：允许，许诺。寡信：缺少信用。

〔2〕易：用作动词，把事情看得容易。

〔3〕难之：以之为难。难，用如动词。之，泛指办事。

【译文】

轻易许诺，势必缺少信用；把事情看得越容易，就会遇到越多的困难。因此连圣人都把办事情看得很困难，所以他最终不会遇到困难。

【赏析】

本章讲如何用智慧去处理大事难事。老子在文中告诉我们：做事首先要端正态度。"态度决定一切"说的就是这个道理，因为端正的态度是事情成功的前提，否则将成事不足而败事有余。其次是切实可行的方法，饭要一口一口地吃，事要一点一点地做，即使是圣人也脱不了这个俗，若是好大喜功、轻率逞能，那么好事也肯定会办砸。然而，天上不会掉馅饼，正确的态度和方法不能从天上掉下来，也不能由别人给予，它只能从自己健康的思想意识中来。如果以为照猫画虎抄袭他人的经验就可以成功的话，那么天下人早就皆为成功人士了。

俗话说："没事别惹事，有事不怕事。"怕不怕事，不是胆量的问题，而是有没有思想准备的问题。不懂得"防微杜渐"的人，常常喜欢"临渴掘井"，口渴时才去掘井，那未免太迟了。平时不作充分的准备，当事情发生后才去想应对之策，显然太晚，"平时不烧香，临时抱佛脚"往往事与愿违。只有平时下了功夫，做好了准备，才能有备无患，以不变应万变，取得事业的成功。

六十四章

【原文】

其安易持[1]，其未兆易谋[2]，其脆易泮[3]，其微易散。为之于未有[4]，治之于未乱。合抱之木，生于毫末[5]；九层之台，起于累土[6]；千里之行，始于足下。

【注释】

〔1〕持：保持（原状）。

〔2〕兆：苗头，征兆。

〔3〕泮（pàn）：散，解。《史记·陆贾列传》："自天地剖泮未始有也。"

〔4〕为：动词，做准备。

〔5〕毫末：毛的尖端，比喻细小。毫，长而尖锐的毛。

〔6〕累：同"蔂"，装土的筐子。高亨先生《老子正诂》："'累'当读为'蔂'，土笼也。'起于累土'，犹言起于蔂土也。《淮南子·说山篇》：'针成幕，蔂成城。事之成败，必由小生。'"

【译文】

事物稳定时，容易保持原状；事物还没有出现苗头时，容易对付；事物脆弱时，容易融解；事物微小时，容易消散。在事情还没有发生的时候就做好准备，在国家还没有混乱时就注意治理。合抱的大树，是由细小的萌芽长成的；九层的高台，是从第一筐土筑起的；千里的征程，是从第一步开始的。

【原文】

为者败之[1]，执着失之。是以圣人无为，故无败；无执，故无失。民之从事，常于几成而败之[2]。慎终如始，则无败事。

【注释】

〔1〕为：指不顺应以上所讲的自然规律，而勉强地去人为。下一句的“执”与此同义。

〔2〕几：将要。贾谊《论积贮疏》：“汉之为汉，几四十年矣。”

【译文】

谁（不遵循以上规律）勉强人为，谁就会失败；谁勉强把持，谁就会有损失。所以圣人清静无为，因而不会失败；不勉强把持，因而没有损失。人们做事，常常在快要成功的时候失败了。如果结束时仍像开始时那样慎重，就不会把事情办坏。

【原文】

是以圣人欲不欲[1]，不贵难得之货；学不学[2]，复众人之所过[3]。以辅万物之自然而不敢为。

【注释】

〔1〕欲不欲：圣人希望得到的东西是一般人不愿意得到的，这个东西就是“道”。

〔2〕学不学：圣人学习的东西是一般人不愿学习的，这个东西也是“道”。

〔3〕复：反，扭转，引申为纠正。过：过错。

【译文】

因此圣人想得到的东西是一般人不想得到的，不重视（一般人所喜爱的）奇货珍宝；圣人学习的东西是一般人不愿学习的，并以此来纠正众人的过错。圣人按照万物的自然本性去帮助它们成功，而不敢勉强人为。

【赏析】

本章老子谈对生活的态度。在文中老子告诉我们，做任何事情从一开始就要注意防微杜渐。一件事情从开始到结束，都要始终保持小心谨慎的态度，这样就不会招致失败。往往许多人在做事时，开始还比较谨慎，可是没过多久，就松懈了；有的人对大事、难事比较重视、谨慎，对小事、易事却容易疏忽。在生活中因忽略小事而酿成大祸的惨痛教训俯拾皆是、屡见不鲜。

常言说："行百里者半九十"，就是指事物进展到尾声时，切勿疏忽大意，以防前功尽弃。因此，若想做事不失败，就需要谨慎，谨慎，再谨慎。

六十五章

【原文】

古之善为道者，非以明民〔1〕，将以愚之。民之难治，以其智多。故以智治国，国之贼〔2〕；不以智治国，国之福。

【注释】

〔1〕明民：使百姓聪明。明，使动用法。

〔2〕贼：伤害。《墨子·非儒》："是贼天下之人者也。"这里引申为灾难。

【译文】

古来善于按照规律办事的人，并不是用它使百姓聪明，而是要用它使百姓变得憨愚。百姓难以治理，原因在于他们的智慧太多。所以说用智慧治国，是国家的灾难；不用智慧治国，是国家的福气。

【原文】

知此两者亦稽式〔1〕，常知稽式，是谓玄德。玄德深矣、远矣，与物反矣〔2〕。然后乃至大顺〔3〕。

【注释】

〔1〕两者：指"以智治国"的坏处和"不以智治国"的好处。亦，相当于"是"。《论语·学而》："不亦君子乎！"《战国策·齐策》："王亦不好士也，何患无士？"稽式：原则。蒋锡昌先生《老子校诂》："'稽'为'楷'之借字。'稽'、'楷'一声之转。"楷、式都是法则的意思。河上公本"稽式"即作"楷式"。而王弼认为"稽，

同也。今古之所同则（共有的法则），不可废”（《老子注》）。

〔2〕物：事物。这里指一般的事理。

〔3〕然后：这样以后。然，代词，指以上所讲的情况。大顺：非常顺利。是说具有高尚品德的人，办事好像与事理相背，然而办起事来却十分顺利。

【译文】

要懂得以上两条是治国的原则，永远掌握着这一原则，就可以说是具有最崇高的品质。崇高的品质高远深邃，好像与一般的事理相反。然而具有这样的品质之后办起事来却十分顺利。

【赏析】

人们为什么会出现本末倒置的虚伪追求？为什么自愿扭曲了本性而追逐那些与生命无关的东西？国家为什么会越来越陷于混乱？针对以上种种困惑老子在本章中都一一为我们作了解答。

老子认为这是由于人们心智太多的缘故。只有一切遵循大道，做到淳厚朴实，才可拥有真实的人生。老子说如果使民众拥有心智，人心就多伪诈，国家就难以治理。治国如此，治身也如此。如果我们心机太多，不但自己会感到劳累、困顿，而且还可能会破坏与周围人的良好关系。试想每个人都狡诈、善变、满怀心机，那么这个社会就会变得虚伪、狡诈、面目可憎，那么我们的生活又有什么乐趣可言呢？我想任何人都不希望生活在伪诈的环境里，任何人都不喜欢和虚伪的人打交道，我们要想摆脱这种令人生厌的人和环境，就必须从自身做起。无论环境如何每况愈下，我们都要保持清醒的头脑，将自己恢复到自然的纯真状态，使心灵得到回归，达到和自然的和谐统一。只有这样，我们才算找准了位置，摆正了心态，才能悠然自得，人生才能丰富多彩、其乐无穷。

六十六章

【原文】

江海所以能为百谷王者[1]，以其善下之[2]，故能为百谷王。是以欲上民[3]，必以言下之；欲先民[4]，必以身后之。是以圣人处上而民不重，处前而民不害[5]。是以天下乐推而不厌[6]。以其不争，故天下莫能与之争。

【注释】

〔1〕谷：小河流。

〔2〕下之：居于小河之下。之，代指“百谷”。

〔3〕上民：处于民上，即统治人民。

〔4〕先民：处于民前，即领导人民。

〔5〕害：感到有妨害。

〔6〕推：推举，拥戴。

【译文】

江海之所以能成为百川的首领，原因在于它善于处于百川的下游，所以才能成为百川的首领。因此要想统治人民，必须用言语对人民表示谦下；要想领导人民，必须把自己置于人民的后面。所以圣人居民之上而人民并不感到沉重，处民之先而人民并不感到妨害。因此天下人都乐于拥戴他而不感到讨厌。因为圣人不与人争，所以天下也没有人能够与他相争。

【赏析】

“海纳百川成其大”。江海之所以能成为百川之王，是因为它非常谦逊，总是处于卑下地位，治理天下百姓的道理与此相同。你若想让天下的百姓都成为你的子民，想让他们都拥戴你，你首先就要像江海一样，处于一个低方位，让人们信服你、支持你。如果你想成为人上人，就必须对下面的人亲切、谦和，让这些人把你抬起来。你如果想活到人前去，就必须把自身的利益放在身后，让大家觉得你可以依赖，自然会把你推到人前，让你成为领袖。

同理，一个企业的管理者，只有赢得全体员工的景仰、信任，才能排除企业潜在的障碍，带领员工勇往直前。一个企业就像是一部机器，管理者与员工关系处理好了，运转就正常了，员工的积极性提高了，有干劲了，企业也自然蒸蒸日上了。

六十七章

【原文】

天下皆谓我道大〔1〕，似不肖〔2〕。夫唯大，故似不肖。若肖，久矣其细也夫〔3〕！

【注释】

〔1〕大：含有大而不当、高深而迂阔的意思。

〔2〕肖（xiào）：相似，像。《说文》："肖，骨肉相似也。"

〔3〕细：小。

【译文】

天下人都认为我讲的道太大了，似乎什么都不像。正因为它太大，所以什么也不像。如果像个什么具体东西，它早就变得微小了。

【原文】

我有三宝〔1〕，持而保之〔2〕：一曰慈〔3〕，二曰俭〔4〕，三曰不敢为天下先。慈，故能勇；俭，故能广〔5〕；不敢为天下先，故能成器长〔6〕。

【注释】

〔1〕三宝：这里所说的“三宝”，实际上也就是六十二章所讲的“善人之宝”——“道”。因为“慈”、“俭”、“不敢为天下先”都属于“道”的表现。

〔2〕保：保持，同“持”义近。《韩非子·解老》以及河上公本都作“宝”。宝之，以之为宝。

〔3〕慈：柔和。《增韵》：“柔也，善也，仁也。”这里主要取“柔”义。“慈”与“勇”相对，“俭”与“广”相对，“不敢为天下先”与“故能成器长”相对，意义皆相反。“勇”为刚，所以把“慈”解释为柔。

〔4〕俭：与五十九章的“啬”义同。意思是清静无为，积蓄力量。王弼注：“节俭爱费，天下不匮，故能广也。”

〔5〕广：扩大展开，无所不为。“俭，故能广”，也即无为而无不为的意思。

〔6〕器长：万物的首长。器，物。

【译文】

我有三件法宝，我要牢牢地掌握着它们：一是柔和，二是清静无为，积蓄力量，三是不敢居于天下人之先。保持柔和，所以才能勇猛；保持清静无为，所以才能无所不为；不敢居于天下人之先，所以才能成为万物的首长。

【原文】

今舍慈且勇，舍俭且广，舍后且先，死矣。夫慈，以战则胜，以守则固〔1〕。天将救之，以慈卫之〔2〕。

【注释】

〔1〕夫慈，以战则胜，以守则固：这同六十九章所说的“用兵有言：‘吾不敢为主而为客，不敢进寸而退尺’”是一个意思，是说作战也要用柔退之道，这样才能取胜。

〔2〕天将救之，以慈卫之：天要救助一个人，保护这个人的办法就是让他处于柔和的状态。

【译文】

现在如果舍去柔和，而只求勇猛；舍去清静无为，而只求无所不为；舍去退让，而只求争先，结果只有死亡。保持柔和，凭它作战就能胜利，凭它守卫就能巩固。天要救助一个人，保卫这个人的办法就是让他处于柔弱的状态。

【赏析】

在本章中老子提出，真正的圣贤智者，应该拥有三样法宝：一曰慈，二曰俭，三曰不敢为天下先。“慈”，即仁慈和慈爱，就是对天下任何事物都抱有一种慈悲为怀的心态，能够帮助他人就尽力帮助。“慈”是人与人关系的协调剂，是人与人的友爱，是金钱所不能买到的。“俭”，即在生活中抱有一种勤俭节省的态度，决不贪婪放纵自己。“不敢为天下先”，是说与天下人交往决不敢胆大地去做天下人的表率和领袖，也就是让人持身处世应学会谦卑，切记不可锋芒毕露、自高自大、自以为是。然而在这三样法宝之中，慈悲为怀是最重要的。因为有了它，便可以得到人民的拥护，所以是战无不胜、攻无不克；坚守牢固、万世不移。纵观历史，上天要消灭谁，就给他赋予残暴凶狠；要保佑谁，就给他赋予仁慈宽厚。反过来说，谁要是仁慈宽厚，上天一定会保佑他，扶持他得到幸福。

六十八章

【原文】

善为士者不武〔1〕，善战者不怒〔2〕，善胜敌者不与〔3〕，善用人者为之下〔4〕。是谓不争之德，是谓用人之力，是谓配天，古之极〔5〕。

【注释】

〔1〕士：古代文人、武人皆称“士”，这里指武士。一说指将官，王弼注：“士，卒之帅也。”武：勇猛，勇敢。《诗经·郑风·羔裘》：“孔武有力。”

〔2〕怒：激奋，解释为“愤怒”也可。《庄子·逍遥游》：“怒而飞”。

〔3〕与：对付，这里指与敌人作战。王弼注：“与，争也。”善胜敌者不与，是

说善于胜敌的人不和敌人作战就能制服对方。

〔4〕为之下：处人之下。为，处，居。之，代指所用的人。

〔5〕配：符合。极：准则，原则。《书·君奭》：“作汝民极。”

【译文】

善于做武士的不依赖勇猛，善于作战的不表现激奋，善于胜敌的不在于和敌人作战，善于用人的先对人表示谦下。这就是不与人争夺的品德，这就是利用别人力量的办法，这就是符合天的运行规律和远古已有的原则。

【赏析】

“不以兵强天下”、“夫惟兵者，不祥之器”是老子的反战宣言。但老子的柔弱并不是软弱，老子的不争并不是屈从。因为老子认为，以冷静的态度来进行战争，才能制订出合理的计划，才能避免不必要的损失，才能取得最好的结果。战争不是为了消灭人口，而是为了达到某种目的。只要能达到目的，并不见得一定要流血牺牲。正因为如此，那些具有高超智慧的将帅们决不会与敌人死打硬拼，而是运用谋略智慧，巧妙地将其制伏，以仁慈的态度让其臣服。所以能够以不争的态度来指挥战事，就往往能够把握全局、操纵战机、进退自如。此外老子提出，采取谦下的态度是真正的善于用人。善于用人的一定是领导者，因此，老子认为谦下是一种获得人心的最佳方式。一个领导者不可能以一人之力完成所有工作，尤其是一名军事指挥官，无论他有多么高超的智慧和超凡的勇力，都不可能独立进行一场战争，所以他们必须依靠众人的力量，但是要把众人的力量凝聚在一起就需要一种策略，这种高明的策略便是在态度上表现得谦下。这样做，才符合了大道自然的规律，便不会导致失败和灾祸。

六十九章

【原文】

用兵有言："吾不敢为主而为客[1]，不敢进寸而退尺。"是谓行无行[2]，攘无臂[3]，扔无敌[4]，执无兵。祸莫大于轻敌[5]，轻敌几丧吾宝[6]。故抗兵相加[7]，哀者胜矣[8]。

【注释】

〔1〕主：主动进攻别人。客：被动地防守。

〔2〕行无行（háng）：即"无行行"，不摆军阵。前一个"行"作动词用，指行动，排列；后一个"行"作名词用，指军阵。

〔3〕攘无臂：即"无攘臂"，不要卷起袖子以示争斗。攘，见三十八章注。

〔4〕扔：摧毁，这里指攻敌。

〔5〕轻敌：轻易与人为敌。与今天的"轻敌"意思不同。

〔6〕丧：丧失，引申为违背。宝：指"道"，六十二章："道者，万物之奥，善人之宝。"几丧吾宝，意思是如果轻易与人为敌，这基本上是违背了规律。

〔7〕抗兵：举兵。抗，举。加：施加，这里指把兵力施加于对方身上，也即攻敌。《孙子兵法·九地》："威加于敌，故其城可拔。"一说"加"应作"若"，蒋锡昌《老子校诂》："《道德真经集注》引王弼注，'抗，举也；若，当也。'是王本作'若'。"若，相等。

〔8〕哀：悲哀。"哀者胜矣"意思是反对战争，但又受到攻击，不得不带着悲哀心情去自卫反击的人能够取胜。即三十一章所说的"兵者不祥之器，非君子之器，不得已而用之。……杀人之众，以悲哀泣之"。

【译文】

用兵的人说过："我不敢主动地进攻别人，而只是被动地防守；我不敢前进一寸，而宁可后退一尺。"这就是说不要随便动用军队，不要随便奋臂争斗，不要随便攻击敌人，不要随便使用兵器。最大的灾祸就是轻易与人为敌，轻易与人为敌基本上算是违背了规律。所以两军举兵对抗，（被迫自卫）心情悲伤的一方获胜。

【赏析】

老子在本章中讨论的不是什么战术计策，而是战略性质——一个如何全方位审视战争的问题。在老子看来，主动出击去侵略别国，其本身在道德仁义上就输给了对方，还会惹怒对方的人民，造成自己十分不利的局面。所以两军打仗，最好是采取守势，从而让对方先出战；对方一出战，不仅会在己方士兵中产生反抗效应，对方又难免露出破绽，遭受失败。接着老子又提出一个著名的论断："抗兵相加，哀者胜矣。"老子认为胜负不仅在战场上，更在战场外；不仅在战争之时，更在决胜之前。谁轻率谁必败，谁慎重谁必胜。也就是说，决定战争胜负不仅在于兵力等有形的因素，更在于天时、地利、人和等无形的条件。谁悲观把问题看得严重一些，谁的准备就会充分一些，对风险的回避就能做得好一些；反之，谁乐观谁看问题轻率一些，谁将会因准备不足而所冒的风险也将大些。这就是所谓的"骄兵必败，哀兵必胜"。

七十章

【原文】

吾言甚易知，甚易行。天下莫能知，莫能行。言有宗，事有君〔1〕。夫惟无知，是以不我知〔2〕。知我者希，则我者贵〔3〕。是以圣人被褐怀玉〔4〕。

【注释】

〔1〕言有宗，事有君：我的主张是有所本的，我要求做的事也是有一定根据的。宗，尊奉，效法。老子的这两句话的意思是说自己的言论、行事都不是凭空而来，

而是有所依据的，这个依据就是“道”。

〔2〕不我知：即“不知我”。知，理解。《史记·管仲列传》：“知我者鲍子也。”

〔3〕则：效法。贵：可贵，这里引申为难得，稀少。

〔4〕褐(hè)：古代穷人穿的粗布衣，比喻贫贱的生活。玉：比喻美好的才能。班固《白虎通义》：“玉者，象君子之德。”

【译文】

我的主张很容易理解，也很容易实行。然而天下竟没有人能够理解，也没有人能够实行。我提出的主张都是有所本的，我要求做的事也是有一定根据的。由于人们的无知，所以不能理解我。理解我的人太少了，能效法我的人更为难得。因此圣人虽然怀着美好的才能，却过着贫贱的生活。

【赏析】

滚滚红尘，知“道”者能有几人？老子在这一章里用看似发牢骚的话语再一次阐述了大道的特点。老子在文中声称自己的话虽然很简单，很容易理解，但还是没有人能够理解，他为此抒发了自己的抑郁和苦闷。其实，老子也知道能够认识大道并且实践大道的人太少，而且往往不入俗人的眼目，所以那些觉悟了的圣人贤者只能隐居在尘俗之中，虽然自披破衣烂衫，但却胸怀珠玉锦锈。也就是说那些真正觉悟了的人，表面上与凡人没有区别，只是境界不同罢了。

我们所处的时代和老子所处的时代相隔甚远，但人们满足自己私欲的要求是相同的。老子主张克服自身的欲望，达到内心的完美，这一思想在我们的时代同样适用，而且有着十分重要的意义。衣服和财富都是身外之物，生不带来死不带去，就连属于我们自身的容貌也会随着时光的流逝而衰老，真正属于我们的只有自己的灵魂和内心。所以说：美不美不光在外表，心灵美才是真正的美。

七十一章

【原文】

知不知，上[1]；不知知[2]，病。夫惟病病[3]，是以不病。圣人不病，以其病病，是以不病。

【注释】

〔1〕知不知，上：懂得了，外表却像不懂得，最好。

〔2〕不知知：不懂却装懂。

〔3〕病病：把病看作病，第一个“病”是动词，意思是“把……看作病”。第二个“病”是名词。

【译文】

懂得了，外表好像不懂得，最好；不懂得，而装出懂得的样子，这是毛病。如果能够把这种毛病看做毛病，因此就不会有毛病。圣人是没有这种毛病的，这是因为他把这种毛病当做毛病，所以没有毛病。

【赏析】

在《论语》中孔子教育我们：“知之为知之，不知为不知”，也就是要求我们在学习时要持实事求是的态度。本章是老子对这一思想做出的更深的阐释。世界万物纷繁复杂，要想真正认识世界更是难上加难，但是偏偏有很多人自认为博学多才，为自己所知道的鸡毛蒜皮而沾沾自喜。老子将这些人的这种行为称做“病”。但是，如果你能够勇敢承认自己的无知，并把这当作自己学习的动力，发奋努力补充自己的不足，这自然是好事，即老子所说的“夫唯病病，是以不病”。

承认自己的不足是需要很大勇气的，而事实上很多人都缺乏这种勇气。圣人之所以成为圣人，并不是因为他们是完人，而是因为他

们能够不断地认识自身的缺点与不足，并加以改正。圣人并不是静止的，大道也只是人的德行达到的一个极高的极点，那个极点在哪里，我们谁也不知道。所以说在更大的程度上，大道表现为一个过程，一个不断改正自身缺点、追求自我完善的过程，就像数学概念中的极限一样，虽然永远无法达到，但是却可以无限接近。而作为凡夫俗子的人们，自身的毛病一大堆且不说，还自诩为完美的化身，真是大言不惭啊！如果还不改一改，那只会离大道越来越远，甚至是背道而驰，那样，等待他们的只能是失败、痛苦与灾难。还沉迷在自我欣赏、自我迷恋中的人啊，快醒醒吧！

七十二章

【原文】

民不畏威，则大威至：无狎其所居[1]，无厌其所生[2]。夫惟不厌，是以不厌。

【注释】

〔1〕狎(xiá)：安习，安乐。《左传·昭公二十三年》："民狎其野，三务成功。"

〔2〕厌：满足，吃饱。所生：借以生存的东西，即衣食。

【译文】

由于百姓不害怕恐怖，（于是统治者）就用更大的恐怖施加于百姓的头上：他们不让百姓安乐地生活在自己的家园，不让百姓有充足的生活资料。正是因为统治者不让百姓吃饱，所以百姓才吃不饱。

【原文】

是以圣人自知不自见，自爱不自贵。故去彼取此[1]。

【注释】

〔1〕彼：指"民不畏威，则大威至：无狎其所居，无厌其所生"这种做法。此：指"自知不自见，自爱不自贵"的做法。

【译文】

所以圣人有自知之明而不表现出来，有自爱之心却不抬高自己。因此应该抛弃前面的做法而采取后者。

【赏析】

上一章讲述圣人贤者如何认识并实践大道，这一章讲述为什么要认识并实践大道，主要目的就是要告诉统治者应采取怎样的为政方法。

自古以来，中国的皇帝就把天下苍生看做是自己的万民。百姓供养统治者，而统治者的职责就是管理，养护万民。他们高坐于殿堂之上，有着自己的威严气势，让百姓崇敬畏惧。但皇帝的这种威仪不是来自于巍峨的宫殿和如云的侍卫，更不是来自于百万雄兵和森严的律法，它来自于他们所肩负的养护万民的责任。为了维护这种威仪，统治者就必须保证政治治理的最低限度，就要保证人民基本的生活条件，给人民一条生存发展的道路。但是，统治者如果不压制自己的欲望，一味地让自身的私欲和权力膨胀，必然会处处盘剥压榨人民，视万民如草芥，那人民也就只能铤而走险，奋起反抗。

然而，作为圣人他们认识和实践了大道，因为他们明白自己的目的，是为了生存的自由自在，而不是自我标榜而招来麻烦。所以，他们珍惜大道、珍惜自己，决不让人觉得他高贵出众，耀眼夺目。这样，就不会有人跟他过不去，自然也不会减缓他们追随大道的脚步。同时，爱惜自己但却不能把自己看得太重。惟其如此，我们才能更客观地对待自己和他人，在爱惜自己的时候又能为他们着想，这样既可避免自己因自爱而误入歧途，又能友善待人，给予他人真心的帮助。

七十三章

【原文】

勇于敢[1]，则杀；勇于不敢[2]，则活。此两者或利或害。天之所恶[3]，孰知其故[4]？是以圣人犹难之[5]。

【注释】

〔1〕勇：奋勇，努力。敢：果敢，坚强。

〔2〕不敢：谦退，柔和。

〔3〕所恶(wù)：所讨厌的东西，即指“敢”。

〔4〕孰：谁。故：原因。

〔5〕是以圣人犹难之：难之，以之为难。

【译文】

努力于果敢坚强的人就会死亡，努力于谦退柔和的人就能生存。这两种努力有的得益，有的受害。天讨厌一些东西，谁能知道它讨厌这些东西的原因是什么呢，因此连圣人也难以回答这个问题。

【原文】

天之道，不争而善胜，不言而善应，不召而自来，繟然而善谋[1]。天网恢恢[2]，疏而不失[3]。

【注释】

〔1〕繟(chǎn)然：缓慢的样子。《说文》：“繟，滞缓也。”引申为舒缓、缓慢。《礼·乐记》：“其声啴(繟)以缓。”

〔2〕恢恢：广大的样子。《荀子·非十二子》：“恢然如天地之苞万物。”

〔3〕疏：稀。

【译文】

天的运行规律是不争夺而善于取胜，不说话而善于应答，不召唤而自动到来，虽迟缓而善于谋划。天就像一张广大无边的网，网孔虽稀却从不疏漏。

【赏析】

上一章老子讲述了认识了大道的圣人会珍惜自己却不贵重自己，这一章则接着讲述“不炫不争”的道理。

勇气给人的感觉是刚猛硬朗。一位勇士必然是一条硬汉，面对压力无所畏惧，无所不敢，但是无所不敢、肆无忌惮的硬汉只能逞一时之勇，终究会为更强的人所打败。其实，勇气并非只有一种，俗话说：“大丈夫能屈能伸”。大丈夫自然可以算是勇者了，勇者自然是有勇气。大丈夫有刚猛硬朗的勇气，因为他可以伸；同时他还具备另一种勇气，因为他能屈，因而有了柔性的勇气，敢于不为的勇气。敢为者固然令人赞赏，但敢于不为者却更令人钦佩，因为“不为”不仅仅体现的是一种胆量的有无，它更代表了一种智慧。这种智慧正是老子在此章所强调的重点。敢者胆大，胆大者往往大意，不敢者胆小，胆小者往往细心。细心就能险中求活，大意便会安里找死。

以上两种勇，从大道的角度去看，前者偏离了大道，而后者正是大道的表现，所以老子推崇后一种而摒弃前一种，并由此提出了他名垂千古的格言：“天网恢恢，疏而不漏。”上天之网广袤无边，虽网眼稀疏，但如果谁“勇与敢”而胆大妄为，就一定不会逃掉天道的惩罚，必因自己的妄为而自尝恶果。这八个字，是对所有“欲冒死犯难者”的提醒，是对所有亡命之徒的警告，也是对一切敢于“冒天下之大不韪”者最严厉的训诫。

七十四章

【原文】

民不畏死，奈何以死惧之？若使民常畏死，而为奇者[1]，吾得执而杀之[2]，孰敢？常有司杀者

杀[3]。夫代司杀者杀，是代大匠斲。夫代大匠斲者，希有不伤其手者矣。

【注释】

〔1〕为奇：干坏事。为，做。奇，邪。王弼注：“诡异乱群谓之奇也。”

〔2〕吾：不是指老子本人，而是以统治者的口气说话。

〔3〕司杀者：掌握杀人权的，主要指大自然的天灾、老死、病亡等。司，主管。

【译文】

百姓不怕死，怎么能用死去威胁他们呢？如果百姓一直是怕死的，那么对于那些干坏事的，统治者就把他们抓来杀掉，谁还敢干坏事？永远应该由天地自然去杀人。代替天地自然去杀人，这好比代替技术高超的木工去砍削木头一样。代替技术高超的木工去砍削木头，很少有不伤着自己手指的。

【赏析】

本章老子以生死问题开篇，阐述自己的政治观点。生死乃人生之大事，所以人们常常贪生畏死。但是，如果人们不畏惧死亡，那就只有一个解释，现实生活的痛楚已经远远超过对死亡的恐惧。若一个国家的人民到了不怕死的地步，那么那些依仗死亡做威胁的严刑峻法就会形同虚设。如果能够在陷入这个灾难之前就加强对于人民的教化，使人民遵纪守法，畏惧死亡，珍惜生命，那么律法的威严和作用就得以维持，人民自然也不会冒死犯罪。

以上的这种方法也就是我们常说的“杀一儆百”，这是一种高超的领导智慧。但用这一着必须谨记，身为领导者的人只有不过分看重自己，才能让员工感到有所依靠，举措才有威严。并要爱惜员工，切忌胡乱显示威严，甚至是“杀一儆百”，那是在玩大斧，反过来只会害了自己。

七十五章

【原文】

民之饥，以其上食税之多[1]，是以饥；民之难治，以其上之有为[2]，是以难治；民之轻死[3]，以其上求生之厚，是以轻死。夫惟无以生为者[4]，是贤于贵生。

【注释】

〔1〕上：指统治者。

〔2〕有为：这里指统治者好大喜功，大搞土木建筑、侵伐征战等。

〔3〕轻死：看轻死亡，不重视生命。

〔4〕无以生为：不以生为事，即不把生命看得十分重要。

【译文】

百姓受饿，是因为统治者收税太多，所以受饿；百姓难以治理，是因为统治者好大喜功，所以难以治理；百姓不怕死（敢于反抗），是因为统治者太重视自己的生命，所以人民不怕死。那些不一味求生的人，胜过过分重视生命的人。

【赏析】

老子的政治理想是建立一个朴素的理想国。人民只要能够在其中获得基本的生活条件，至于在精神生活上，则要去奢、去除欲望，所以也不需要太多的文明，因为那是刺激欲望的东西。所以老子追求的是一个精神上简单，生活上朴素的世界。

老子认为，实现这一理想的关键在于君王自身的宁静、谦下、无欲。如果君王自身多欲，好求过甚，就

会给百姓带来莫大的痛苦，所以这一章老子主要谈了统治者的作为对人民生活态度的影响。百姓和君王是一对矛盾的统一体。按理说，百姓富裕则君王康强，君王安宁则百姓欢乐，这才是真正理想的社会形态。但是，许多时候社会的现实却往往与此相反，君王富贵而百姓贫贱，君王长寿而百姓短命。究其原因，无非是因为君王赋税太重、暴行太多、贪图奢侈，没有对百姓尽到养护的职责。这样最终只能导致人民暴动、统治者倒台。

所以老子在此告诫了统治者，只有君主自身清心寡欲，实施无为而治，给万民以自由和安定，不扰民、不生事，让一切归于自然、归于宁静，国家才能长治久安。只有这样的行为，才是符合道的行为，才是顺势而为的英明之举。

七十六章

【原文】

人之生也柔弱，其死也坚强。万物草木之生也柔脆，其死也枯槁。故坚强者死之徒[1]，柔弱者生之徒。是以兵强则灭，木强则折[2]。强大处下，柔弱处上[3]。

【注释】

〔1〕徒：同“涂”，道路。

〔2〕兵强则灭，木强则折：王弼本原作“兵强则不胜，木强则兵”，今据《列子·黄帝篇》、《淮南子·原道训》改。

〔3〕强大处下，柔弱处上：字面意思讲的仍然是自然现象。老子用树干与枝条来说明，枝干坚强的处于下，枝条柔弱的却处于上，实际上讲的是柔弱胜刚强的道理。

【译文】

人初生时身体是柔脆的，死后身体是僵硬的。万物草木初生时是柔脆的，死后是枯槁的。所以追求坚强是条死路，保持柔弱是条生路。因此兵力强大了就会灭亡，树木强大了就会折断。坚强庞大的东西总是处于下面，柔软微小的东西总是居于上面。

【赏析】

本章继续前面的“求生”而说，讲述生与死的关系和道理。

老子向来主张贵柔、处弱，他从直观的认识角度，看到了人生之初是柔弱的，死了之后就变得僵硬，草木也是同样的命运，从而得出了有生命的东西都是柔软脆弱的，而死了的东西都是坚硬干枯的。并由此而提炼出了智者应该吸取的教训和智慧：做人不能强硬，不能逞强，而要温柔软弱，否则只有死路一条。推而广之，行军打仗也是一样。两强相遇，谁家逞强，就会硬拼；谁家柔弱，就会智取。智者取胜，硬拼者亡。

因此，老子认为，人生在世不应逞强斗胜，而应柔顺谦虚，有良好的处世修养。要想成为人上人，必须柔弱谦和。君主礼贤下士，便有刚烈之士、硬朗之汉前来效命。君主刚愎自用，容不得人，最后只能处于人下而早日终了。

七十七章

【原文】

天之道，其犹张弓欤[1]？高者抑之，下者举之；有余者损之[2]，不足者补之。天之道损有余而补不足，人之道则不然，损不足以奉有余。

【注释】

〔1〕犹：像。张弓：在弓上装弦。《说文》：“张，施弓弦也。”弦的两端必须安装在弓两头相等的地方，一头高一头低是不行的，所以下文说：“高者

抑之，下者举之。”

〔2〕有余者损之：弓弦长了就剪短一些。有余者，指过长的弓弦。损之，减少它。

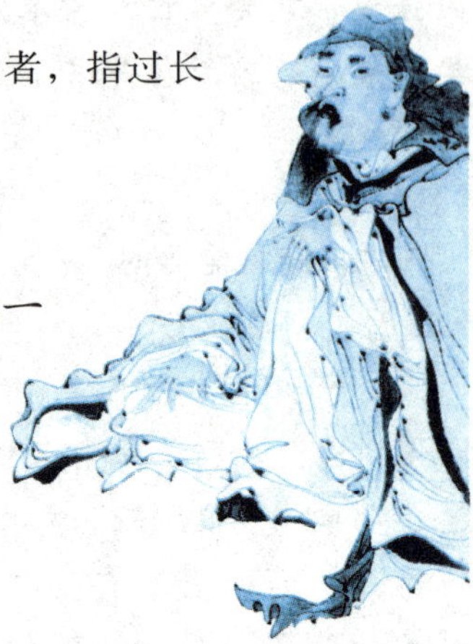

【译文】

天的运行规律不是很像安装弓弦吗？高的一端就压低一点，低的一端就抬高一点；长的一端就剪短一些，短的一端就补长一些。天的运行规律是减损有余的而补给不足的，人们的生活原则却不是这样，而是减损不足的去奉献给有余的。

【原文】

孰能有余以奉天下〔1〕？唯有道者。是以圣人为而不恃，功成而不处，其不欲见贤〔2〕。

【注释】

〔1〕有余以奉天下：把多余的东西奉献给天下人。

〔2〕见(xiàn)贤：表现自己的恩德和才能。见，同“现”。贤，这里是品德好才能高的意思。

【译文】

谁能够把多余的东西奉献给天下人？只有懂得规律的人才能如此。因此圣人帮助了万物而不依赖它们，功成而不居功，他也不愿表现自己的恩德和才能。

【赏析】

天地大道的运行规律尤如张弓射箭，是“损有余而补不足”，说明天地万物间的关系只有保持平衡的状态，才能顺利运行。但人类社会的现象却是“损不足以奉有余”，这严重地违背了大道运行的规律，也势必会引起整个社会的内部矛盾。当老百姓的利益与统治阶级的利益不可协调而彻底激化时，老百姓必然会揭竿而起，推翻压迫者，重新分配社会上的财富并使之达到新的平衡状态。

在本章，我们不仅可以看出老子要求人类社会平等与均衡的美好的社会理想，从中也可以感悟出一些做人的道理。如果一个人身居高位，面对荣耀却能够控制自己的欲望，不独自居功甚至还减损自己的利益，这样做不仅不会影响到自己的利益，反而更能替自己赢得好人缘。有了良好的人脉，他的事业便会更成功，因为很多时候，做事其实是做人。

七十八章

【原文】

天下莫柔弱于水，而攻坚强者莫之能胜[1]，其无以易之[2]。弱之胜强，柔之胜刚，天下莫不知，莫能行。是以圣人云："受国之垢[3]，是谓社稷主。受国不祥，是为天下王。"正言若反。

【注释】

〔1〕莫之能胜：即"莫能胜之"。

〔2〕无以易之：没有什么可以代替它。无以，没有什么。易，代替。

〔3〕垢(gòu)：屈辱。

【译文】

天下没有什么东西比水再柔弱的，然而攻击坚硬东西的力量没有能够胜过它的，也没有能够代替它的。弱胜强、柔胜刚的道理，天下没有人不懂，然而却没有人能够照着办。所以圣人说："能够承担国家的屈辱，这才算是天下的君主；能够承担国家的灾难，这才算是天下的君王。"这些正面的话听起来就像反话一样。

【赏析】

这一章照应第七十六章，谈的是"柔弱"与"刚强"的问题。"水滴石穿"是我们耳熟能详的一个成语，讲的是柔能克刚的道理。大家虽然都懂，但却并非每个人都能照办。因为在人们心中，“柔弱”就等于懦弱、胆小怕事，其实这是对“柔弱”的误解。人生在世，固然需要刚直的做人准则，但是在面对一些貌似强大的矛盾时，选择太刚太直未必能够解决问题。选择柔弱的处理方式才是明智之举，事情或许会柳岸花明。

圣人说：“能够忍受国家的耻辱，才可以做国家的君王。”这体现了老子“卑下屈辱”思想。如果善于把自己放在“柔弱”的位置上，正视自己的弱点与不足，然后柔顺谦和，积极进取，终必成功。老子提倡的这种为人处世的人生态度，至今对我们仍是有帮助的。

七十九章

【原文】

和大怨[1]，必有余怨，安可以为善[2]？是以圣人执左契而不责于人[3]。

【注释】

〔1〕和大怨：和解了大的怨仇。

〔2〕安：怎么。

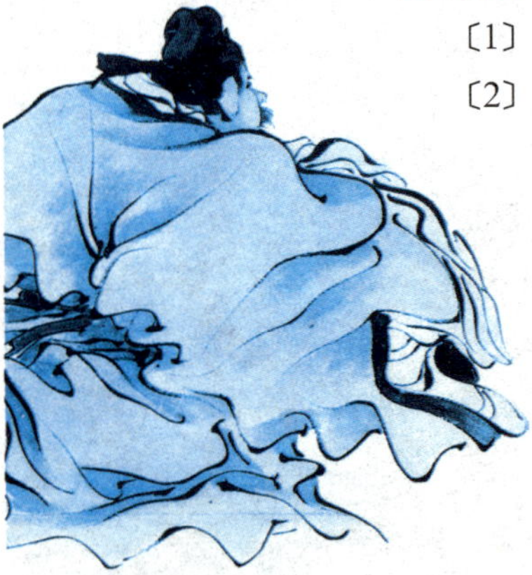

〔3〕左契（qì）：收债的凭据。古代借债时，在木板或竹板上写清借债内容，然后一分为二，债权人保存左边的一半，负债人保存右边的一半。左契，即左边的一半，是讨债的凭据。责：讨债。

【译文】

即使和解了大怨，也一定还有余怨，怎么能算是尽善尽美呢？所以圣人即使握有讨债的契约，也不向人索取欠债。

【原文】

有德司契[1]，无德司彻[2]。天道无亲，常与善人[3]。

【注释】

〔1〕司：主管。《广雅·释诂》："司，主也。"

〔2〕彻：周代的一种收税法。《孟子·滕文公》："夏后氏五十而贡，殷人七十而助，周人百亩而彻，其实皆什一也。"

〔3〕与：帮助。善人：指按照规律办事的人。

【译文】

具有高尚品德的人就像上述握有契约的圣人一样（不对人索取），没有高尚品德的人就像主管收取租税的人一样（十分苛刻）。天的运行规律对谁也不偏爱，它总是帮助按照规律办事的好人。

【赏析】

本章通过谈"怨"与"善"的问题阐释了老子著名的治国理念："无为而治"，"无为而无不为"。

现实生活中当面对积怨和仇恨时，怨怨相报何时了？有人提出以德报怨的方案，但这是抱着施恩的想法来对待仇恨的，心理上终究不会平衡，所以这并不是解决仇怨的完美方法。

现实生活中我们可以试着去学会换位思考，以一种宽容、体谅、理解之心与人交往，或许就可以避免很多的摩擦；对社会、对他人多给予、多奉献而不是多索取，就可以尽量化解存在的矛盾、怨言，自己的心态愉快、平和了，生活也就轻松自在了。

八十章

【原文】

小国寡民[1]。使有什佰之器而不用[2]，使民重死而不远徙[3]。

【注释】

〔1〕小、寡：都用如动词，使国小，使民少。

〔2〕什佰之器：各种器具，包括下文所讲的舟舆、甲兵等。什佰，即十百，泛指众多。《一切经音义》：“什，众也，杂也，会数之名也。资生之物谓之什物。”又《史记·五帝本纪·索隐》以生活常用的器具，数目众多，所以称为“什器”。“什物”、“什器”、“家什”在今天的口语里也还存在着。

〔3〕重死：把死亡看得很重，也即重视生命。徙（xǐ）：搬迁。

【译文】

国家要小，人民要少。即使有各种器具也不使用，使人民看重生命而不随便搬迁。

【原文】

虽有舟舆[1]，无所乘之[2]；虽有甲兵[3]，无所陈之[4]；使人复结绳而用之[5]。

【注释】

〔1〕虽：即使。舆（yú）：车。

〔2〕无所：没有因由，没有必要。所：代词，代指“乘之”的原因。

〔3〕甲兵：战服和兵器，这里泛指武器装备。

〔4〕陈：陈列，引申为使用。

〔5〕结绳：远古没有文字，人们依靠在绳上打结以帮助记事。

【译文】

即使有车船，也没有必要去乘坐它们；即使有武器装备，也没有必要去使用它们；让人们重新使用结绳的方法去记事。

【原文】

甘其食[1]，美其服，安其居，乐其俗。邻国相望，鸡犬之声相闻，民至老死，不相往来。

【注释】

〔1〕甘：用如使动词，“甘其食”即“使其食甘”，使他们吃好。下面的“美”、“安”、“乐”的用法同“甘”。

【译文】

（使百姓）食物甘美，衣服漂亮，居住安适，风俗称心。邻国互相看得见，鸡狗之声互相听得见，而人们直到老死也不相互往来。

【赏析】

本章讲的是奉行了道与德之后的社会状态，是老子理想的人间社会模式，也是老子政治哲学的最高境界。

老子认为治国之要关键在于创造一个朴实的社会环境，在这个社会环境中，人民并不追求生活条件的不断增益改善，只要能满足基本生命要求的条件即可，人们的心思也不使用在私智欲念之事上，因而社会不存在制造骚动纷乱的机缘，从而一个纯朴的社会生活环境就此产生。没有战争、没有压迫、没有盗贼横行的纯朴社会中，“邻国相望，鸡犬之声相闻，民至老死，不相往来”，这就是清静无为政策治国之后的结果，也正是老子的理想。

也许会有人说，老子的这一思想是反文明的。从人生意义上来说，这种生活方式正体现了人生生命的价值，这种社会的状态与千百年来古今中外哲人们所追求的桃花源、大同世界、乌托邦、理想国等一样，都可以说是一种境界，是一种向往，一种人们对幸福的向往、对理想的追求。

八十一章

【原文】

信言不美[1]，美言不信。善者不辩[2]，辩者不善。知者不博[3]，博者不知。

【注释】

〔1〕信言：诚实的话。

〔2〕辩：会说话，有口才。

〔3〕知：同“智”，明智。一说应解释为懂得、知道，也通。博，广泛地学习。

【译文】

真话不好听，好听的不是真话。好人不巧辩，巧辩的不是好人。明智的人不去广求知识，广求知识的人不明智。

【原文】

圣人不积，既以为人[1]，己愈有；既以与人，己愈多。天之道，利而不害。圣人之道，为而不争。

【注释】

〔1〕既：尽，全部。

【译文】

圣人毫无保留，尽全力帮助人，他自己反而富有；把一切给予人，他自己反而充实。天的运行规律是施利于万物而从不损害它们，圣人的处世原则是只帮助别人而从不与人争夺。

【赏析】

本章是《道德经》的最后一章，老子在此章重新强调了圣人的标准和特点，以此让天下人都可以成为圣人，明白大道，从而能够生活得幸福而自在。同时还说明人人都可以成为圣人，这并不是什么艰难的事情，只要能够认识到宇宙人生的本来面目——自然，做到顺其自然，就是合乎自然、合乎大道的圣人之言行了。其实这也就是老子在《道德经》通篇反复强调的，以无为的胸怀行大利于众人的事情，以柔弱谦下为本怀，而终于成就圣王理想中的目标——“圣人不积，既以为人，己愈有；既以与人，己愈多”。

老 子

圣王的努力可以达成一切的目标，这是因为天道自然本身也是无为的，本身也提供一个生存的环境供人类使用，而祸福之结果则端视人类的行为朝哪个方向了。走向了天道自然、长久安全，即“天之道，利而不害”。圣人明白了这些道理，所以他们在言语上从不巧言善辩，在外物上从不巧取豪夺，在处世上从不骄傲自大，在行为上从不争强好胜，他们能够顺势而为，随自然而去，与大道同行，有大德相伴，天下无论是哪里，自然都是乐土。

这就是《道德经》的真正意旨！